TODO TODO TODO SOBRE LOS ÁRBOLES

Agnès Barber

Ilustraciones de Jérome Sié

Este libro ha sido concebido, escrito y producido a partir del hermoso libro
Árboles, todo el conocimiento, todas las historias, todos los poderes, todas las esperanzas,
escrito por Serge Schall. Nuestro más sincero agradecimiento.

Título original: *Tout, tout, tout sur les arbres*

Dirección editorial: Isabel Ortiz

Textos: Agnès Barber y Equipo Susaeta

Traducción: Clara Pauel

Corrección: Carmen Blázquez

Ilustraciones: Jérome Sié (tiras cómicas), Guy de Guglielmi (p. 22), Titwane (p. 26, 75, 78, 79), Universidad de Wageningen de los Países Bajos (p. 28-29), Séverine Duchesne (p. 94-97) y Marc N'Guessan (p. 95b)

Mapas e infografías: Esther Gonstalla (p. 76-77, 104-105, 108-109, 111, 112-113, 114-115, 122-123)

Fotografías: Todas las fotografías pertenecen al archivo de Plume de carotte y de Adobe Stock, salvo Yannick Fourié (p. 68-73, 83)

Diseño gráfico: Guy de Guglielmi

Maquetación: Catherine Racine, Natalia Rodríguez

Documentación fotográfica: Serena Despin-Guitard, Sasha Sforzi y Fred Lisak

© Plume de carotte
© SUSAETA EDICIONES S.A.
C/ Campezo, 13 - 28022 Madrid
Tel.: 91 3009100

D.L.: M-2048-2025

TODO TODO TODO SOBRE LOS ÁRBOLES

Agnès Barber

Ilustraciones de Jérome Sié

Lo que vas a descubrir en este libro

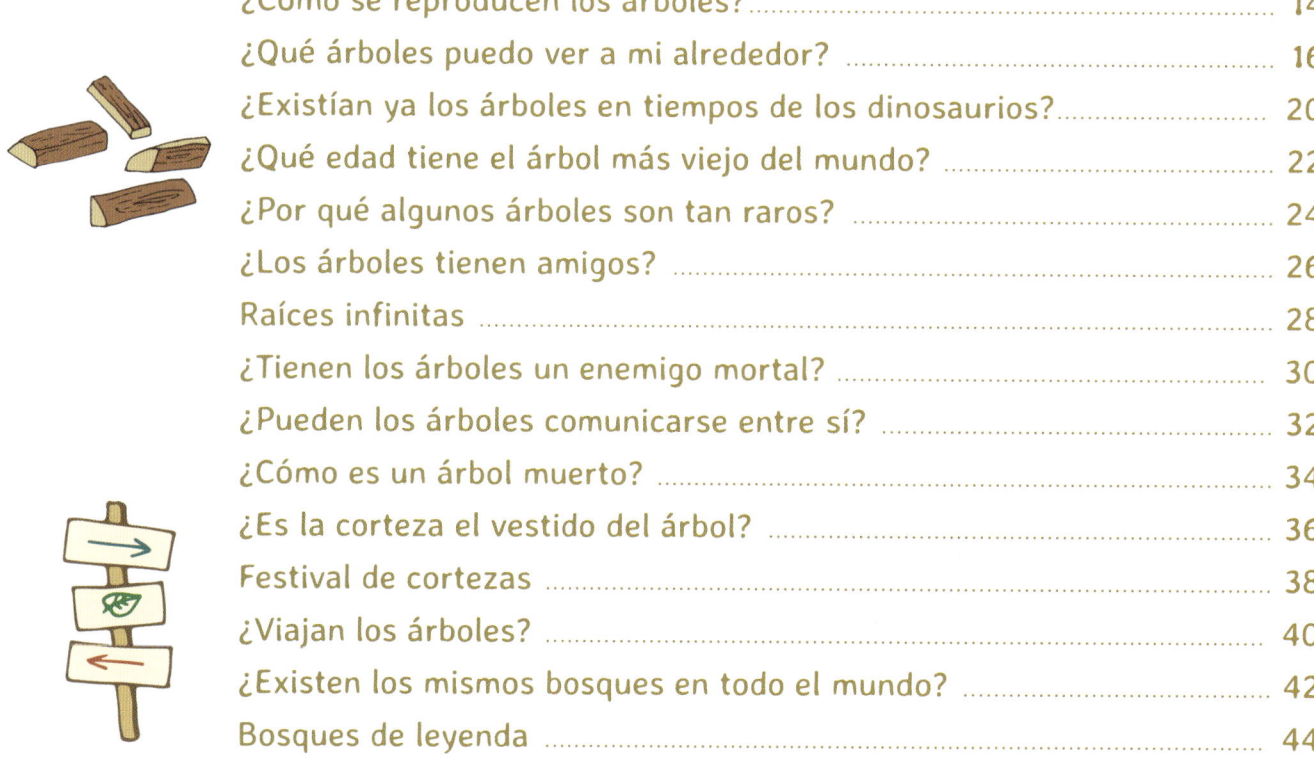

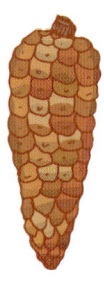

A un olmo seco

Al olmo viejo, hendido por el rayo
y en su mitad podrido,
con las lluvias de abril y el sol de mayo,
algunas hojas verdes le han salido.

¡El olmo centenario en la colina
que lame el Duero! Un musgo amarillento
le mancha la corteza blanquecina
al tronco carcomido y polvoriento.

Antes que te derribe, olmo del Duero,
con su hacha el leñador, y el carpintero
te convierta en melena de campana,
lanza de carro o yugo de carreta;

antes que el río hasta la mar te empuje
por valles y barrancas,
olmo, quiero anotar en mi cartera
la gracia de tu rama verdecida.

Mi corazón espera
también, hacia la luz y hacia la vida
otro milagro de la primavera.

A un olmo seco (extracto)
Antonio Machado

BUCEAR ENTRE LOS ÁRBOLES

Avenida de los baobabs, en Madagascar
Este camino de tierra bordeado de baobabs centenarios de unos 30 metros de altura es uno de los lugares más bellos de la isla.

Bosque de Monteverde de Costa Rica
Esta majestuosa selva tropical, a 1.500 metros de altitud, está bañada por las nubes Alberga más de 2.500 especies y cientos de mamíferos, reptiles, anfibios y aves.

Bosque inundado de Kaindy, Kazajistán
En las aguas cristalinas de este lago de montaña, los abetos fueron engullidos por un corrimiento de tierras hace un siglo, formando extraños árboles invertidos como mástiles de barcos fantasma.

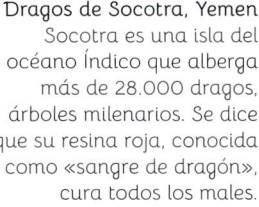

Dragos de Socotra, Yemen
Socotra es una isla del océano Índico que alberga más de 28.000 dragos, árboles milenarios. Se dice que su resina roja, conocida como «sangre de dragón», cura todos los males.

La Selva Negra, Alemania
Resulta especial por su penumbra y sus temperaturas anormalmente bajas en la región. Es el escenario de algunas leyendas muy inquietantes.

Bosque gigante del parque nacional de las Secuoyas, Estados Unidos
En este bosque de gigantes se encuentra el General Sherman, una secuoya de 2200 años. Con sus 84 metros de altura y sus 31 metros de circunferencia, está considerado el árbol más imponente de nuestro planeta.

Los manglares de Krabi, Tailandia
La zona alberga varios kilómetros de manglares, poblados de pantanos. Estos «árboles andantes» forman una barrera natural entre la tierra y el mar.

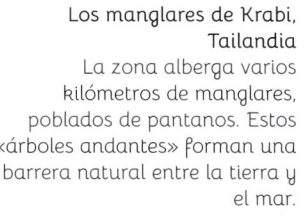

Melocotoneros en flor de Kamikuki, Japón
De marzo a abril, las laderas de estas montañas con cientos de melocotoneros se cubren de flores, creando un auténtico paraíso primaveral.

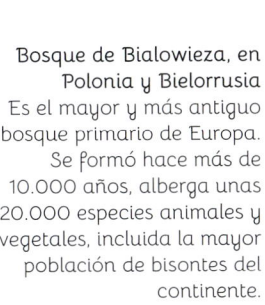

Bosque de Bialowieza, en Polonia y Bielorrusia
Es el mayor y más antiguo bosque primario de Europa. Se formó hace más de 10.000 años, alberga unas 20.000 especies animales y vegetales, incluida la mayor población de bisontes del continente.

¿Qué es un árbol?

Un árbol es un vegetal que mide al menos 5 metros de altura, tiene un tronco de madera capaz de mantenerse erguido y unas ramas que crecen sobre el suelo y se cubren de hojas, formando una copa o cima.

Oxígeno (O_2)

Un árbol es un ser vivo: come y respira como nosotros. Consume oxígeno y libera dióxido de carbono (por la noche) ¡e incluso «suda»!

Dióxido de carbono (CO_2)

En invierno, puede perder las hojas (de hoja caduca) o conservarlas (de hoja perenne). En este caso, el follaje se renueva continuamente, porque una hoja no permanece en el árbol más de 2 o 3 años.

Un sistema de «tuberías» permite que la **savia bruta** suba hacia las hojas (savia ascendente) y que la **savia elaborada** (savia descendente) llegue a las raíces.

Savia elaborada (sacarosa)

Savia bruta

Sales minerales

Gracias a sus raíces, el árbol extrae **agua y minerales** de la tierra y produce la **savia bruta** que le permite crecer y vivir.

Agua

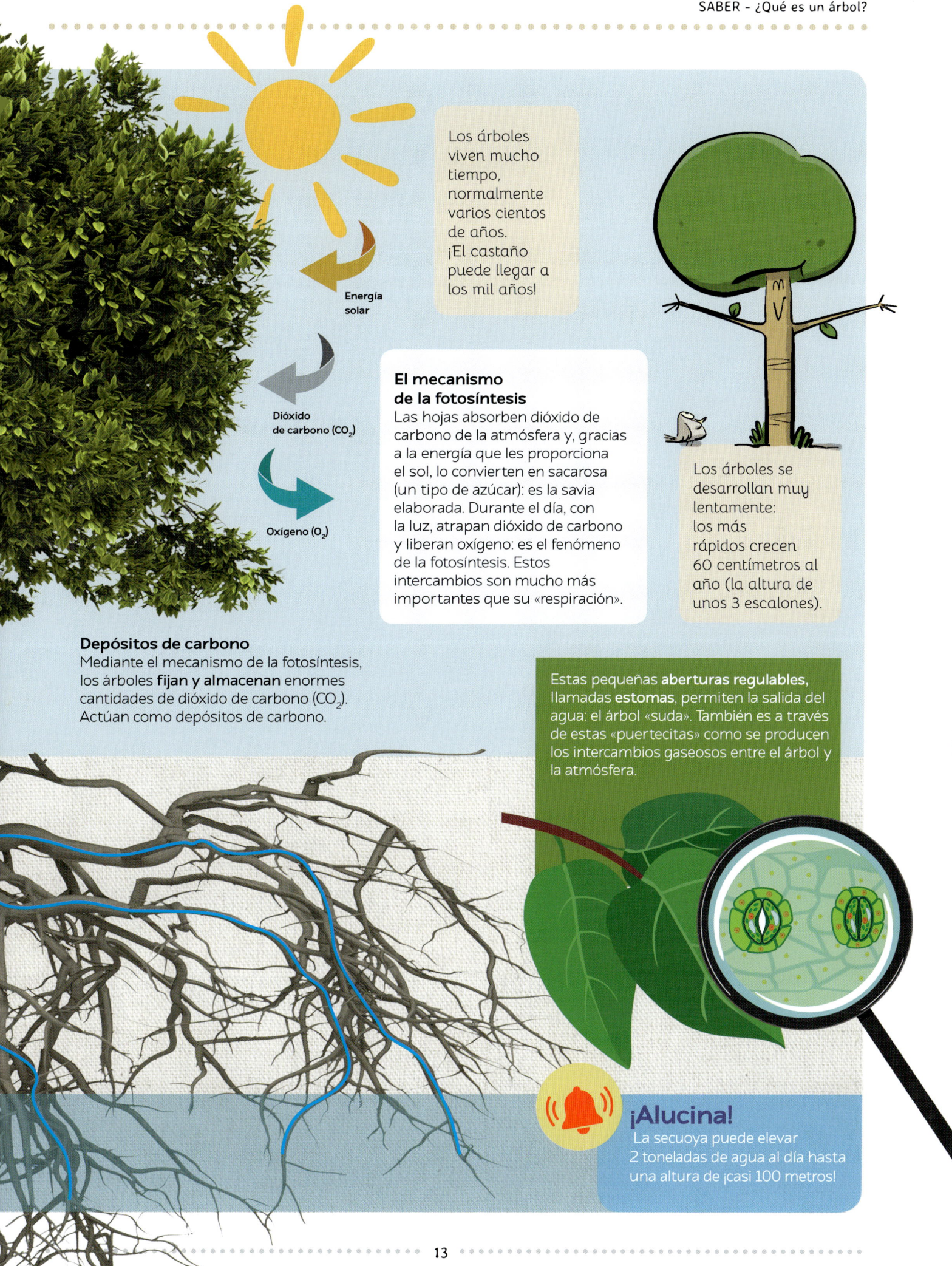

Energía solar

Los árboles viven mucho tiempo, normalmente varios cientos de años. ¡El castaño puede llegar a los mil años!

Dióxido de carbono (CO₂)

Oxígeno (O₂)

El mecanismo de la fotosíntesis

Las hojas absorben dióxido de carbono de la atmósfera y, gracias a la energía que les proporciona el sol, lo convierten en sacarosa (un tipo de azúcar): es la savia elaborada. Durante el día, con la luz, atrapan dióxido de carbono y liberan oxígeno: es el fenómeno de la fotosíntesis. Estos intercambios son mucho más importantes que su «respiración».

Los árboles se desarrollan muy lentamente: los más rápidos crecen 60 centímetros al año (la altura de unos 3 escalones).

Depósitos de carbono

Mediante el mecanismo de la fotosíntesis, los árboles **fijan y almacenan** enormes cantidades de dióxido de carbono (CO₂). Actúan como depósitos de carbono.

Estas pequeñas **aberturas regulables**, llamadas **estomas**, permiten la salida del agua: el árbol «suda». También es a través de estas «puertecitas» como se producen los intercambios gaseosos entre el árbol y la atmósfera.

¡Alucina!

La secuoya puede elevar 2 toneladas de agua al día hasta una altura de ¡casi 100 metros!

¿Cómo se reproducen los árboles?

Al igual que los humanos, los árboles tienen sexualidad. Sin embargo, para ellos es imposible moverse y acercarse para besarse, así que utilizan mensajeros: ¡el viento o los animales!

En el origen, siempre está el polen: es un polvo muy fino, formado por granos microscópicos, producido por los órganos masculinos de los árboles. Estos granos pueden ser transportados de un árbol a otro por el viento, los pájaros o los insectos (abejas, abejorros, mariposas, etc.).

Por ejemplo, a partir de la primavera, las abejas, atraídas por las flores, volarán de árbol en árbol para alimentarse y llevarán sin saberlo los granos de polen bajo sus patas. Esto es la polinización.

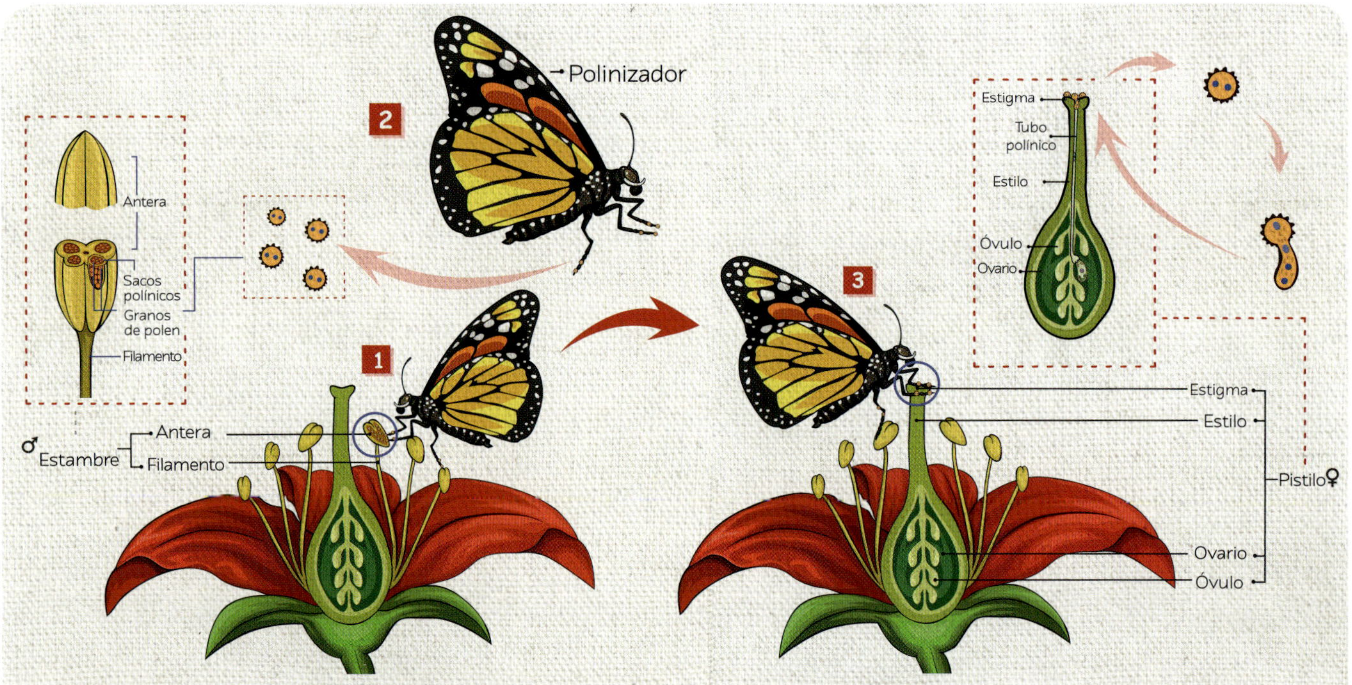

Polinizador

Antera

Sacos polínicos
Granos de polen
Filamento

2

1

♂ Estambre — Antera
— Filamento

3

Estigma
Tubo polínico
Estilo
Óvulo
Ovario

Estigma
Estilo

Pistilo ♀

Ovario
Óvulo

¿Cómo funciona?

El pequeño grano de polen se deposita en la parte femenina de la flor del árbol: el estigma. Allí, al encontrarse con el ovario, el polen producirá un óvulo que se dividirá y dará lugar a un embrión. Este embrión formará una semilla.

La semilla se dispersa entonces en la naturaleza, transportada por el viento y los animales. En nuestro clima templado, las semillas se exponen al frío durante unas semanas o meses: es lo que se conoce como vernalización.

¿Y cómo es en el pino?

Piña
con semillas
(piñones)

Pino joven

Cono con polen

Brote joven de pino

Granos de polen

Germinación

Óvulo

Semilla germinada

semilla con su ala

Grano de polen germinado

¿Y en el roble?

> En **otoño**, la bellota cae del árbol.
  (La semilla está cubierta por un pequeño capuchón, la cúpula).

> Después del **invierno**, la bellota empieza a germinar.

> En **primavera** crecen las hojas y las raíces.

> A los **4 o 5 años**, un roble joven mide cerca de 2 metros.

> El roble produce sus primeras bellotas entre los 20 y los 50 años!

¡Alucina!
¿¡Los árboles hacen caca!?
¡Y su caca les permite subir al cielo! Los árboles captan energía y producen materia. Analizando este mecanismo, los biólogos han deducido que los árboles deben de producir excrementos. Esta «caca» sería lignina, una sustancia muy compleja responsable de la rigidez del árbol.

¿Qué árboles puedo ver a mi alrededor?

Abedul

Crece en todas las regiones cálidas del Mediterráneo.

Altura: 25 metros.
Longevidad: un centenar de años.
Particularidad: se reconoce por su tronco blanco.

Roble

Es la especie más común en el Atlántico europeo.

Altura: 15 a 20 metros.
Longevidad: entre 500 y 600 años.
Particularidad: los finos pelos de sus hojas le permiten adaptarse a la sequía.

Plátano

A menudo se le ve bordeando las calles de la ciudad o a lo largo de las carreteras, ya que tolera bien la contaminación.

Altura: 25 a 35 metros.
Longevidad: hasta 1000 años.
Particularidad: un tronco con placas que parece ropa de camuflaje.

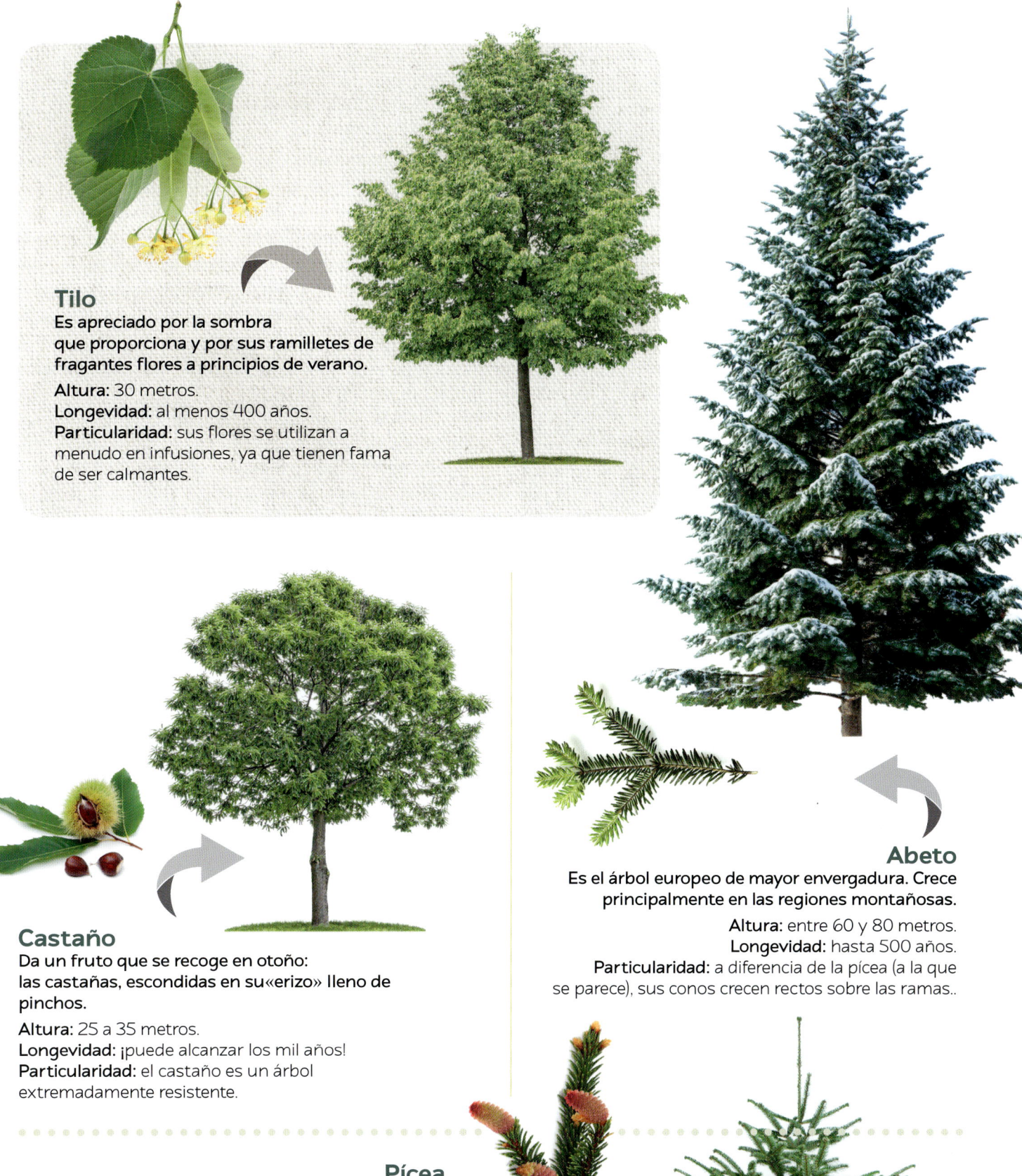

Tilo

Es apreciado por la sombra que proporciona y por sus ramilletes de fragantes flores a principios de verano.

Altura: 30 metros.
Longevidad: al menos 400 años.
Particularidad: sus flores se utilizan a menudo en infusiones, ya que tienen fama de ser calmantes.

Castaño

Da un fruto que se recoge en otoño: las castañas, escondidas en su «erizo» lleno de pinchos.

Altura: 25 a 35 metros.
Longevidad: ¡puede alcanzar los mil años!
Particularidad: el castaño es un árbol extremadamente resistente.

Abeto

Es el árbol europeo de mayor envergadura. Crece principalmente en las regiones montañosas.

Altura: entre 60 y 80 metros.
Longevidad: hasta 500 años.
Particularidad: a diferencia de la pícea (a la que se parece), sus conos crecen rectos sobre las ramas..

Pícea

Este es el «verdadero» árbol de Navidad, pero cada vez se sustituye más por el abeto de Normandía, cuyas agujas se caen menos rápidamente una vez cortado el árbol.

Altura: hasta 50 metros.
Longevidad: entre 300 y 400 años.
Particularidad: sus conos son colgantes y puntiagudos.

Sauce

Al sauce llorón le gusta la humedad: se le ve a menudo junto a estanques.

Altura: hasta 12 metros.
Longevidad: entre 30 y 50 años.
Particularidad: tiene forma de bola, con ramas grandes y flexibles que cuelgan hacia el suelo.

Fresno

Es resistente al frío y crece casi en todas partes, tanto en las ciudades como en el campo.

Altura: hasta 45 metros.
Longevidad: 200 años aproximadamente.
Particularidad: su madera se utiliza para fabricar mangos de herramientas y palos de hockey.

Haya

Esta es una de las principales especies del bosque templado, y la más ampliamente distribuida por Europa.

Altura: hasta 50 metros, pero en general se poda a los 15 o 20 metros.
Longevidad: 500 años.
Particularidad: su madera se utiliza a menudo para fabricar sillas, escaleras y pequeños objetos.

Arce

Con el arce europeo no se obtiene el jarabe de arce. Se extrae de la savia de los arces rojos, azucareros o negros.

Altura: 10 a 30 metros.
Longevidad: varios cientos de años.
Particularidad: su nombre latino *Acer* significa «puntiagudo» (literalmente, «afilado»); el árbol debe su nombre a su madera, que se utilizaba antiguamente para fabricar lanzas.

Castaño de Indias

El castaño de Indias es un árbol grande e imponente, con muchas flores en primavera.

Altura: hasta 30 metros.
Longevidad: entre 200 y 300 años.
Particularidad: sus frutos, las castañas llamadas «locas», no son comestibles. Están encerradas en «erizos» como las castañas.

Pino

El pino marítimo o resinero es una de las especies más explotadas.

Altura: 30 metros.
Longevidad: hasta 500 años (pero generalmente se corta en torno a los 40 o 50 años).
Particularidad: muy resistente, especialmente a las altas temperaturas. Con el cambio climático, es probable que se extienda en los próximos años.

Álamo

Se planta sobre todo para crear hermosas hileras de árboles y ¡crece muy deprisa!

Altura: 30 metros.
Longevidad: varios cientos de años.
Particularidad: es un árbol ideal para hacer pantalla cortavientos, ¡muy valioso en regiones ventosas!

Olivo

Símbolo del paisaje mediterráneo, crece en suelos secos donde produce su famoso fruto, las aceitunas, que disfrutamos como aperitivo y de las que se obtiene el aceite.

Altura: hasta 10 metros.
Longevidad: ¡2000 o 3000 años!
Particularidad: es muy sensible al frío y puede congelarse a temperaturas bajo cero.

Carpe

Uno de los árboles más extendidos por Europa, sus hojas se distinguen de las del haya por sus bordes dentados.

Altura: 30 metros de alto.
Longevidad: 150 años.
Particularidad: sus hojas no se caen en otoño. Todas «arrugadas», se aferran a las ramas hasta febrero.

Avellano

Este pequeño árbol crece muy deprisa. Ya conoces el pequeño fruto que produce: ¡la avellana!

Altura: unos 3 metros
Longevidad: menos de 100 años
Particularidad: sus ramas, muy flexibles, eran utilizadas por los celtas como varitas mágicas.

¿Existían ya los árboles en tiempos de los dinosaurios?

Los dinosaurios deambulaban principalmente entre musgos y helechos, pero llegaron a conocer los primeros árboles, que eran coníferas como el ginkgo biloba.
¡Las plantas debieron de ser muy ingeniosas para conquistar la Tierra y resistir el pisoteo de estas grandes y torpes criaturas!

Hace unos 450 a 500 millones de años

Las algas, las primeras plantas de la tierra

Las algas, plantas sin tallos ni hojas, emergieron del agua y llegaron a la orilla. Algunas consiguieron «agarrarse» y permanecieron en la tierra.

Hace unos 500 millones de años

Los musgos «improvisan» la fotosíntesis

Los musgos inventaron **la forma arborescente**, es decir, un tallo con hojas extendidas. ¿El objetivo? Captar toda la luz posible para asegurar la fotosíntesis. (consulta la pág.13)

Hace unos 420 millones de años

Los helechos fabrican los troncos

Para adaptarse a la vida en la tierra, mantenerse erguidas y protegerse, las plantas produjeron un nuevo material: **la lignina**, origen de la madera. Los helechos desarrollaron lo que será el esqueleto rígido de los troncos., además de un sistema de conductos para que la savia pudiera subir y bajar.

Hace unos 300 millones de años

Las plantas con semillas completan la conquista de la tierra

Los árboles más antiguos son los de la familia del ginkgo biloba, que aún perdura hoy en día (en otoño, su fruto huele fatal). Uf, ¡estas plantas con semillas resistieron el pisoteo de los dinosaurios que dominaban el mundo en aquella época!

¡Alucina!

El tronco de algunos helechos (el estípite) puede alcanzar de 15 a 20 metros de altura. Aún pueden verse en algunas selvas tropicales sudamericanas.

¿Qué edad tiene el árbol más viejo del mundo?

El árbol más viejo del mundo tiene…

¡4790 años!

¡Es más antiguo que las pirámides de Egipto! Y ¿cómo se llama? Matusalén. Es un **pino longevo**, que crece **en California, en Estados Unidos**. Pero este «viejo» no ha echado ningún brote últimamente, así que estamos preocupados por su salud.

Viejas raíces de

9550 años

Esta pícea recibe el nombre de Viejo Tjikko, por el perro del geólogo que lo descubrió en Suecia en 2004. Sus raíces tienen 9550 años, pero la parte que ves en la foto tiene «solo» unos pocos siglos.

El árbol más robusto

La circunferencia de su tronco es superior a **26 metros**, mientras que su altura es de 11 metros. A este **ciprés de Moctezuma**, que crece en Oaxaca, **México**, se le ha llamado El Gigante. ¡Este mexicano es enorme!

El árbol más alto mide

116 metros

Es una **secuoya** de 600 años, llamada Hiperión. Crece en **California**, pero nadie sabe exactamente dónde, aparte de los biólogos que la estudian. Su ubicación se mantiene en secreto para evitar que miles de turistas la dañen cuando vayan a fotografiarla.

El árbol más pesado pesa

1.500 toneladas

También es una **secuoya de California**. Así que, por supuesto, ¡no lo pusimos en la báscula para pesarlo! Los investigadores calcularon su peso basándose en el volumen de la madera: 1487 metros cúbicos, unas 1500 toneladas.
Sí, ¡las matemáticas son útiles!

El árbol más colorido

Este **eucalipto arcoíris**, originario de Filipinas, se desprende de su corteza para revelar su tronco liso y multicolor, que también cambia de color. ¡Mágico!

La bella historia de Survivor Tree

Este «árbol superviviente» es un **peral de flor** plantado en una maceta junto a las torres del World Trade Center en **Nueva York, EE. UU.** Quedó **sepultado** bajo los edificios que se derrumbaron en el terrible **atentado del 11 de septiembre de 2001**. Pero ¡milagro! Un mes después, el pequeño peral fue sacado de entre los escombros. Como aún le quedaban 2 metros de tronco, se le **trató** y reanimó. Desgraciadamente, 10 años después, cayó tras una violenta tormenta. Rescatado por segunda vez, ahora se encuentra a la entrada del museo dedicado a la memoria de los atentados.

¿Por qué algunos árboles son tan raros?

Lazos de pino

¡Mira este pino! Crece inclinado y su tronco casi hace un **lazo**. ¿Estos **pinos** tienen esta extraña forma a causa del viento? Nadie lo sabe con certeza. Pero lo cierto es que se pueden encontrar árboles similares en varios lugares: en Rusia, por ejemplo, en lo que se ha dado en llamar el «bosque danzante» de Kaliningrado.

Hecho para las panaderías

Sabemos por qué estos **pinos silvestres** están todos torcidos: hasta la década de 1960, los hombres los cortaban para adaptarlos a su altura. De este modo, podían proporcionar tanta leña pequeña como fuera posible para abastecer los hornos de los panaderos. Por eso se los llamó «**pinos del panadero**».

¿Una tonelada de gomina?

No, ¡estos árboles no se han echado gomina para colocarse el mechón a un lado! Tienen esta forma porque son golpeados constantemente por **ráfagas de viento**: ¡es el fenómeno de la anemomorfosis! (¡Menuda palabra!).

«¡A sus pies!»

Este árbol, inclinado como un arco, es un enebro fenicio. **Crece cabeza abajo** en las cimas de los acantilados. Normalmente se encuentra en el matorral mediterráneo. De hecho, son los pájaros o los pequeños mamíferos los que esparcen las semillas de estos enebros por lugares inaccesibles. ¡Algunos de estos árboles tienen más de mil años!

Árbol liliputiense

¿Y este? ¿Por qué tiene esa forma? Porque se ha ido recortando precisamente para eso. Es un árbol en miniatura, llamado **bonsái**. Esta tradición asiática tiene sus orígenes hace más de dos mil años en China, donde se creaba con ellos **minipaisajes decorativos.** Se trata de *pen-jings* (traducido como «paisajes en macetas»), con todos los elementos: árboles, piedras, terraplenes, plantas… Lo único que faltan son los diminutos liliputienses, ¿no crees?

Haya mutante

Esta haya tiene una silueta extraña. Puede encontrarse prácticamente en cualquier lugar de Europa. Y ¿cómo se llama? **El haya torcida.** Se cree que es un haya «clásica» que ha mutado. En verano, su follaje se extiende como una sombrilla hasta el suelo: ¡casi puede formar una especie de iglú!

¡MIRA QUE ERES COMPLICADA!

¿Los árboles tienen amigos?

¡Sí! Y el mejor amigo del árbol es… ¡un hongo!
Supercolaborador, el hongo micorriza le ayuda a alimentarse, gracias a su inmensa **red de filamentos** que se extiende por el suelo. A cambio, el hongo se lleva su parte: aprovecha los azúcares producidos durante todo el día por el árbol, utilizando las raíces de su gran compañero como «despensa». De hecho, sin los hongos, ¡los bosques no serían tan majestuosos!

¡A menudo necesitas a alguien más pequeño que tú!

Podrías pensar que el «pequeño hongo» es el que más se beneficia de esta amistad. ¡Pero, no es así! De hecho, es el «gran árbol» quien lo hace.
Veamos el porqué:

> Las raíces del árbol no llegan lo suficientemente lejos. **Ni a los rincones.** Sin la red de filamentos del hongo micorriza, capaces de explorar el poro más pequeño del suelo a decenas de metros de distancia, al árbol le faltarían ciertos minerales.

> **Los filamentos de los hongos se encuentran por todas partes.** Pueden aprovechar hasta la más mínima gota de agua en el suelo: gracias a ellos, algunos árboles pueden resistir la sequía.

> **Los hongos actúan incluso como filtro** para garantizar la buena salud del árbol, absorbiendo la contaminación del suelo.

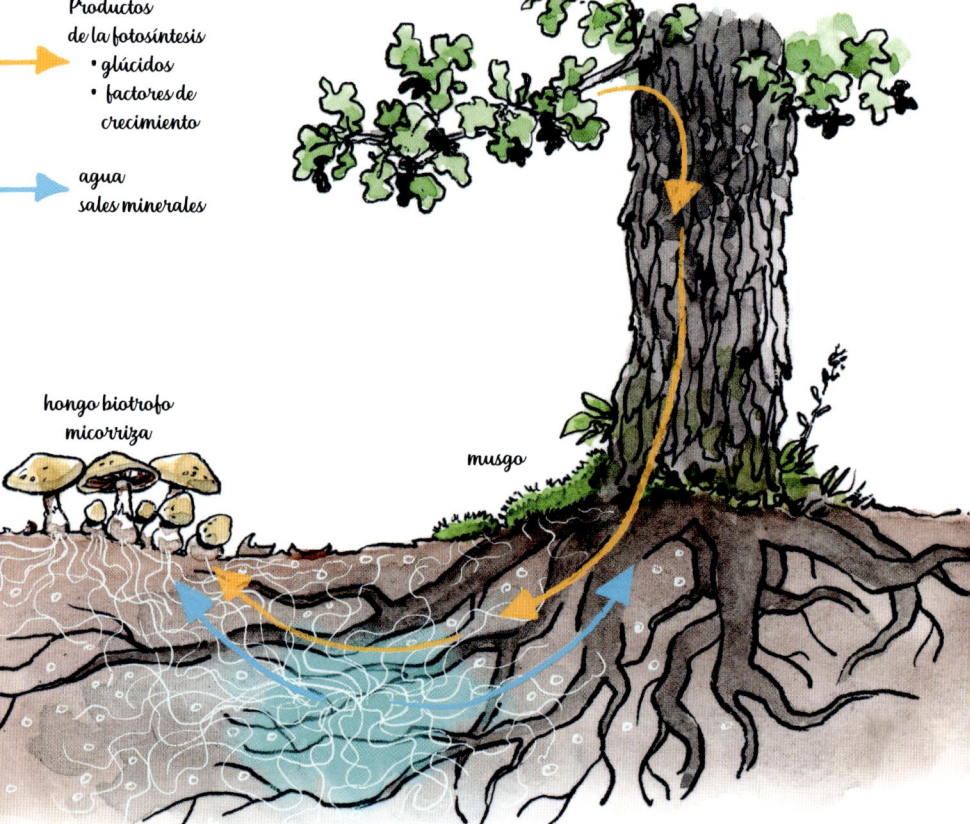

Productos
de la fotosíntesis
• glúcidos
• factores de crecimiento

agua
sales minerales

hongo biotrofo
micorriza

musgo

¡No todo el mundo tiene sombrero!

Cuando la gente te habla de setas, piensas en esto: Pero no todas las setas tienen pie y sombrero: algunas setas son «invisibles» porque solo crecen bajo tierra.

¡Alucina!

La longitud de los filamentos miceliales contenidos en 1 metro cúbico de tierra (10 carretillas grandes de tierra) se calcula en **1000 kilómetros**.

Pareja longeva

Este «matrimonio» entre árboles y hongos comenzó **hace 450 millones de años**. Se da en el 90 % de las plantas con flor, ¡e incluso algunos helechos!

Ven y quédate conmigo, vivo con mi amigo

Entre los «amigos» que no ha elegido necesariamente, pero con los que vive en «pisos compartidos», el árbol acoge en sus orificios y cavidades a **toda una serie de animales**: hurones, murciélagos, ardillas, búhos y todos los pájaros que van a hacer allí sus nidos. El herrerillo es capaz de entrar en un agujero de 2,5 centímetros de diámetro. (del tamaño de un sacapuntas).

Campeón de agujeros

Al pudrirse o caer las ramas pueden causar agujeros en los árboles, pero la mayoría de las veces están producidos por el pico de los pájaros carpinteros, como el del **carpintero verde**. En general, se instalan durante 1 o 2 años en el agujero que han taladrado, y después dejan el lugar a otros animales.

Y, por supuesto, los humanos también pueden ser buenos compañeros… ¡a veces!

RAÍCES INFINITAS

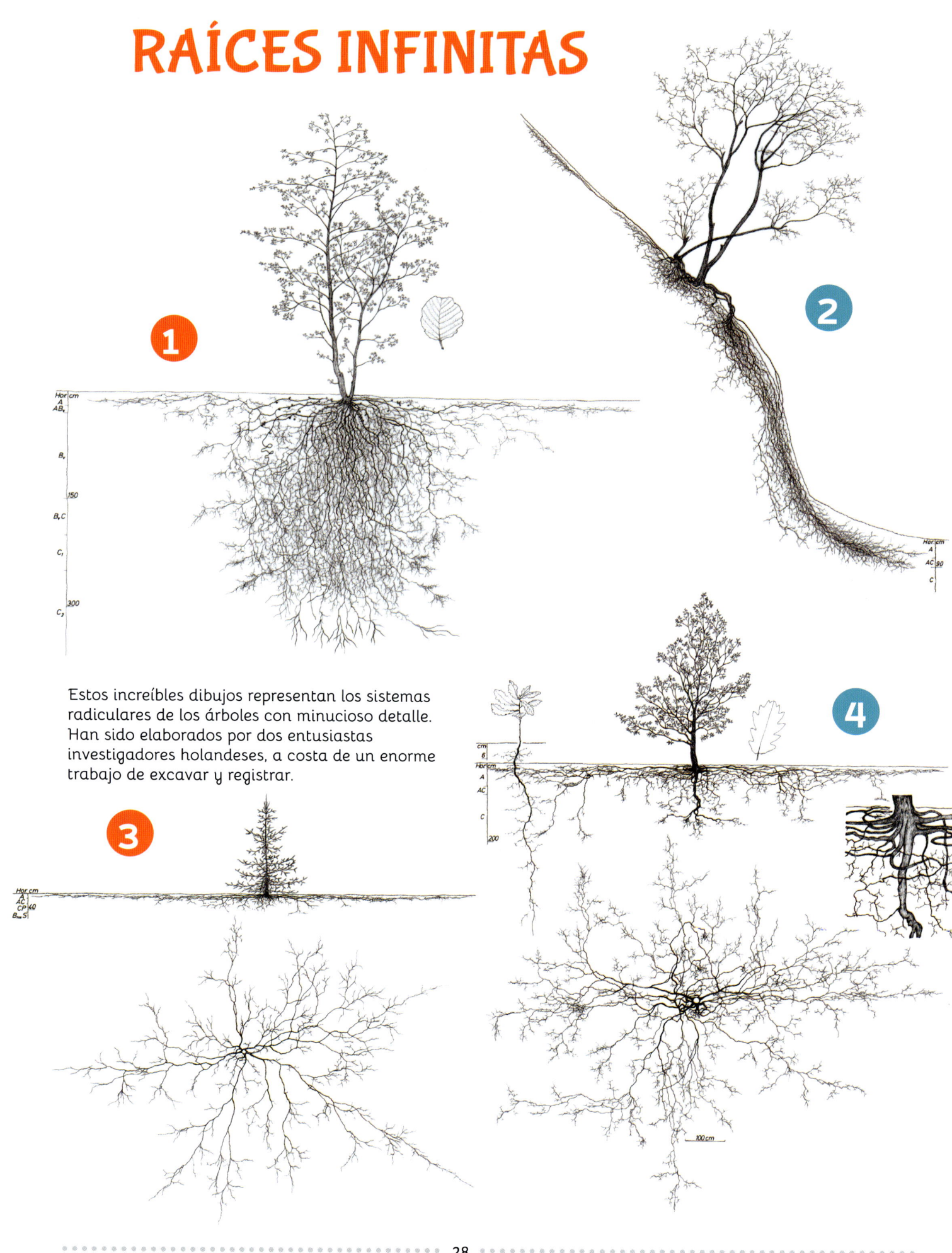

Estos increíbles dibujos representan los sistemas radiculares de los árboles con minucioso detalle. Han sido elaborados por dos entusiastas investigadores holandeses, a costa de un enorme trabajo de excavar y registrar.

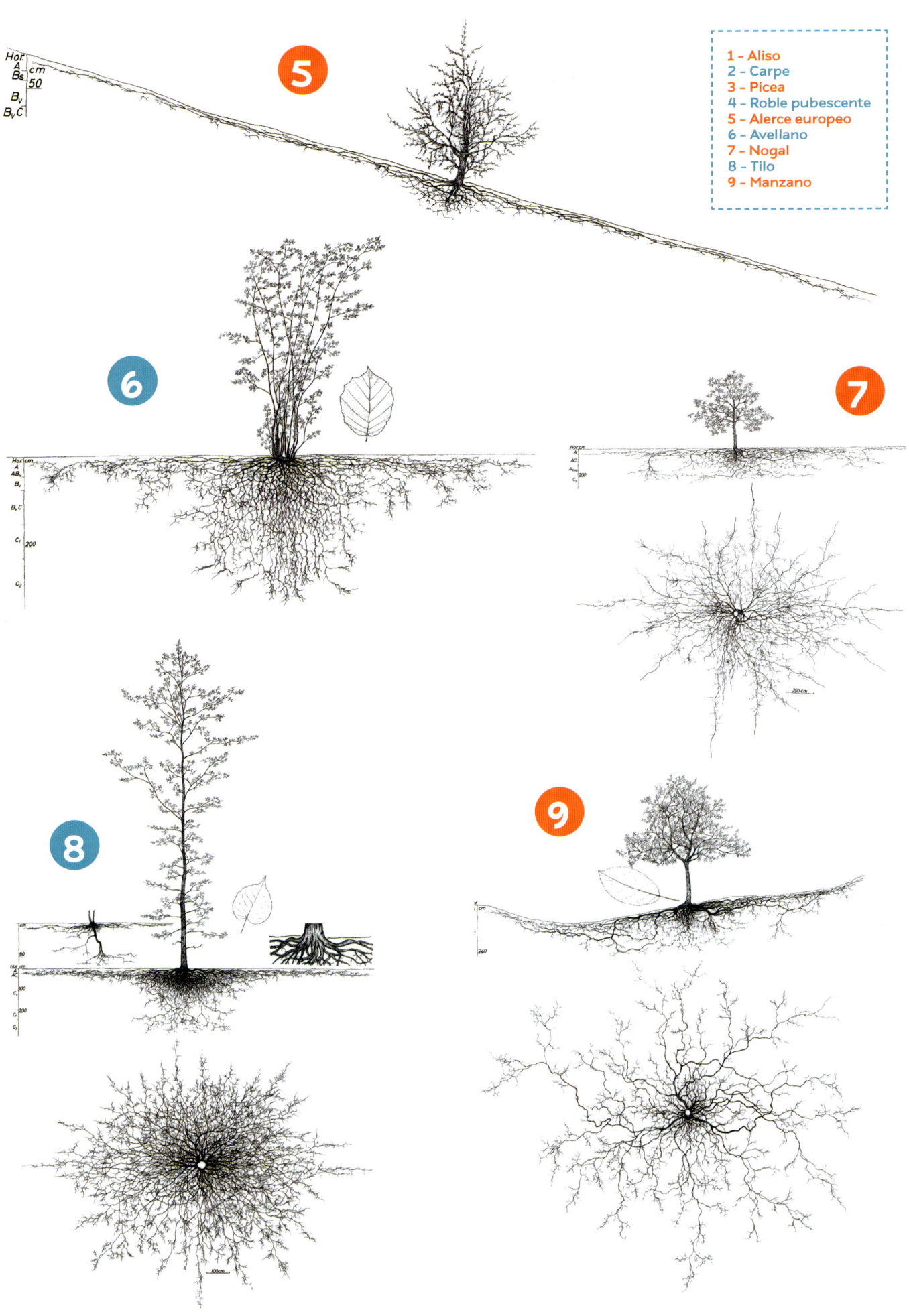

¿Tienen los árboles un enemigo mortal?

Se dice que el peor enemigo de un árbol es un **xilófago**: un ser que se alimenta de madera. Puede ser un hongo o un insecto, como un escarabajo o un lepidóptero (mariposa). Los xilófagos atacan tanto a la madera viva como a la muerta. ¡Incluso **mordisquean las vigas** de nuestras casas **y las patas de los muebles**!

¿Serrín marrón o blanco?

Entre los insectos comedores de madera, están los que atacan al árbol justo debajo de la corteza: su presencia puede detectarse al ver pequeños montones de serrín marrón. Pero también hay insectos que atacan en profundidad, en la albura del tronco: el serrín que aparece entonces es de color blanco.

Chancro colorado del plátano

Este **hongo** penetra en los plátanos a través de heridas en el tronco o las raíces. Provoca **manchas azules, negras o moradas** y mata al árbol en pocos años. También puede transmitirse de árbol a árbol por las raíces, o por el agua, incluso a través de la maquinaria. El hongo llegó a Europa a través de Marsella, durante la Segunda Guerra Mundial, procedente de cajas de munición hechas con maderas infectadas.

Oruga de las palmeras

Desde la década de 1990, esta enorme polilla procedente de Sudamérica está matando a las palmeras en la cuenca mediterránea. ¿Su plan de ataque? Pone una docena de huevos en forma de grano de arroz en lo alto de la palmera. Al cabo de unos días, estos huevos eclosionan en orugas, grandes gusanos de 8 a 10 centímetros, **que excavan en el tronco**. Cuando la médula se ve afectada, la palmera muere. Para salvar la palmera, se la rocía con un tratamiento natural a base de unos gusanos diminutos, los nematodos, que contaminan a las orugas y las matan en 48 a 72 horas (¡y mueren con ellas en el proceso!).

Termitas

Este insecto **vive en colonias** (como las hormigas) en el suelo del bosque, pero puede trasladarse a las casas cercanas si encuentra allí su alimento favorito: la celulosa, un material que se encuentra en la madera, pero también en el cartón ¡e incluso en el plástico de los cables!

Abeja carpintera

Este insecto, que parece un **gran abejorro**, es en realidad una **abeja**. Gracias a sus poderosas mandíbulas, excava largas galerías en la madera en mal estado. Sin embargo, como si quisiera hacerse perdonar, ¡ayuda a **polinizar** los árboles (y por tanto a que se reproduzcan)!

Mariposa de taladro rojo

¡Ay! La oruga de esta gran **mariposa grisácea** (que huele a vinagre) ataca a los **árboles frutales**: cerezo, manzano, ciruelo, peral...

Escarabajo tipógrafo

El más famoso de los escarabajos de la corteza ataca a los **abetos**. Cuando las larvas de este insecto perforan galerías, llevan consigo unos hongos portadores de enfermedades. Destruyen los canales por los que se transporta la savia del árbol.

Escarabajo de la pólvora

Este **coleóptero** puede **reducir a polvo** muebles que perfora con agujeritos de hasta 1 milímetro. Es difícil de detectar y causa enormes daños en viviendas, almacenes, museos, etc.

Escarabajo de la carcoma grande

Gracias a sus poderosas mandíbulas, la larva de este insecto puede excavar **1 centímetro al día**... ¡en cuanto la temperatura supera los 25 °C! ¡Un desastre!

¡Alucina!

En la cocina congoleña, en África, la oruga de las palmeras se prepara **friéndola**: este plato tan apreciado se llama *mposé*.

¿Pueden los árboles comunicarse entre sí?

¡La respuesta es sí! Bueno, más o menos, porque su lengua no suena como la nuestra; ¡pero intercambian información, pistas y regalitos!

¡Bien hecho!

Los arces azucareros, que crecen en Norteamérica y son famosos por su delicioso jarabe, son capaces de dejar sus hojas incomestibles cuando las atacan los insectos. Es más, ¡colaboran para alertar a los demás arces antes de que ellos también resulten atacados!

Tres buenos amigos

¡Qué pinta más rara! Esta planta, llamada orobanche, es pálida porque no tiene clorofila para hacer la fotosíntesis. Pero, ¿cómo se alimenta? Los botánicos han encontrado la respuesta: **un hongo** «ayudante» (conocido como **hongo micorrícico**) le proporciona el alimento bajo tierra, a través de las raíces de la planta. Para ello, el hongo obtiene azúcar, agua y minerales de los pinos que crecen en los alrededores: son bastante **generosos**, ¿verdad?

«Aprovecharse del abedul»

El abeto de Douglas y el abedul también reciben la ayuda de hongos micorrícicos. Pero el intercambio no siempre es equitativo: el **abeto suele aprovecharse del abedul**, excepto una vez al año, cuando el abedul pierde sus hojas, mientras que el abeto de Douglas conserva sus agujas. Así que existe una forma de ayuda mutua entre especies y árboles en particular. Los biólogos han demostrado incluso que algunas plantas sanas pueden «enviar agua» a las plantas sedientas.

¡Cuidado, peligro!

Pero ¿por qué aparecen los kudús, una especie de antílope criado en Sudáfrica, muertos al pie de los cercados de acacias? En la década de 1980, los biólogos llegaron a la conclusión de que las acacias habían envenenado a los antílopes. Cuando empiezan a mordisquear sus hojas, **estos árboles consiguen hacerlas tóxicas.** Y lo que es aún más increíble: ¡las acacias son capaces de avisar a sus «colegas» gracias a un gas que propagan hasta a 6 metros de distancia!

«Nos parecemos, ¿verdad, cariño?»

Los botánicos han observado que los robles rojos jóvenes crecen más deprisa cuando lo hacen junto a árboles «maduros» de la misma especie. Si bien los grandes robles quitan la luz a sus «hermanos pequeños», también es cierto que a cambio les proporcionan carbono, ¡gracias a los **superhongos micorrícicos** que actúan como intermediarios.

¿Cómo es un árbol muerto?

Los árboles mueren... ¡de pie! Resisten más o menos tiempo (¡a veces varios cientos de años!) y luego acaban derrumbándose alrededor de su pie, dejando un hueco vacío por donde entra la luz, ¡lo que da a los brotes jóvenes la oportunidad de prosperar!

¿Por qué muere un árbol?

Excepto cuando es víctima de una enfermedad o del ataque de un insecto, las causas de la muerte de un árbol son a menudo **difíciles de determinar** porque pueden ser numerosas: temperaturas demasiado altas o demasiado bajas, inundaciones, tormentas, contaminación y, por supuesto, incendios forestales...

¡Es la selva!

La muerte de un árbol también está causada por todas las formas de competencia entre árboles: la disputa por la luz, los nutrientes, el agua, etc. La vida de un árbol no es para nada relajante. A veces, ¡incluso los árboles centenarios acaban resquebrajándose!

Murciélago común

Lechuza de Tengmalm

Pico picapinos

Escarabajo longicornio

¡El restaurante está abierto!

Un árbol muerto es a menudo una gran oportunidad: el árbol deja poco a poco que la copa, luego las ramas y todo un montón de pequeños desechos se amontonen a sus pies. En 5 años, el **tocón** (el tallo que queda) estará completamente descompuesto y habrá servido para alimentar a toda una serie de especies.

¡Un árbol muerto puede estar lleno de vida!

Los **hongos** y las **bacterias** son los responsables de la primera fase de la descomposición de la madera.

Las plantas **briofitas** se instalan en ellos. Las más conocidas son los **musgos**. Existen una docena de especies saproxílicas (que se alimentan de madera). Son grandes despensas para las especies que albergan.

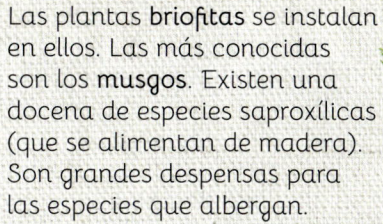

Los **insectos**, especialmente sus «crías», **las larvas**, se alimentan de madera ya descompuesta. La mayoría son **escarabajos**.

Aves como búhos, trepadores, herrerillos y pájaros carpinteros aprovechan al máximo el «hotel» que les proporciona el refugio de un árbol muerto.

Los **líquenes**, una unión simbiótica de hongos y algas (no son musgos como suele pensarse), crecen en la madera muerta.

Docenas de **mamíferos** pueden hacer su hogar en las cavidades de árboles muertos: principalmente murciélagos, pero también lirones, ardillas....

¡Tardan mucho en madurar!

Un bosque evoluciona y llega a su madurez en 300 o 400 años. Entonces ya alberga una gran **biodiversidad** gracias a la gran cantidad de madera muerta.

¡Alucina!

Los **tocones** de grandes árboles como el cedro y el ciprés en el oeste de Estados Unidos pueden tardar ¡100 años en desaparecer!

¿Es la corteza el vestido del árbol?

La corteza es como un vestido para el árbol; de hecho, es un **traje superprotector**: le protege de la lluvia, las heladas y el sol (y evita que pierda demasiada agua en caso de sequía), pero también de las enfermedades, hongos y ataques de insectos…

¿Se le hace daño a un árbol si se talla un corazón en su corteza?

Es mejor evitarlo porque, al igual que ocurre con nuestra piel, esta pequeña lesión puede «infectarse». Sin embargo, la corteza tiene el poder de **cicatrizar** alrededor de su «herida». En ocasiones, un líquido viscoso puede rezumar del tronco, aislando la zona dañada de las enfermedades. Esta sustancia se denomina **exudado**: es la **resina** del pino, el **látex** del árbol del caucho, pero también la **goma** de ciertos árboles como el cerezo.

ES LA NUEVA COLECCIÓN OTOÑO-INVIERNO.

¿Dónde está mi corteza de fiesta?

Antes de la invención de la tela, muchas culturas se vestían… ¡con cortezas! Esta tradición se mantiene viva en Uganda (África) para determinadas ceremonias: hombres y mujeres siguen vistiendo una túnica ocre hecha con grandes jirones de corteza. Se recogen en la época de lluvias de un árbol llamado mutuba.

Desnudos

Algunas especies de árboles se quitan la ropa… ¡y se la vuelven a poner! Es el caso del **plátano**, que, al desprenderse de su corteza en pedazos, ¡da la impresión de haberse puesto el uniforme militar! La corteza puede desprenderse en **láminas** (abedul), **parches** (pino) o **tiras** (cedro). No te preocupes, los árboles no están enfermos: ¡solo están cambiando de *look*!

La corteza curativa

El **sauce blanco** tiene una sustancia beneficiosa en su corteza, la **salicina**, un componente importante de la **aspirina**. Tiene muchos usos medicinales, como aliviar los dolores o anticoagulante, entre otros. En la naturaleza, los animales utilizan la corteza para tratarse a ellos mismos: se ha descubierto recientemente en Uganda que los chimpancés masticaban la corteza de un árbol llamado albizia cuando tenían problemas digestivos.

¡Alucina!

¡La corteza de la secuoya gigante de California puede tener hasta 50 cm de grosor! En caso de incendio, impide que se destruya el corazón del árbol. Una secuoya quemada tarda semanas en consumirse, ¡e incluso el árbol es capaz de recuperarse reconstituyendo su corteza!

Corteza aislante

El **alcornoque** se regenera muy rápidamente y su tronco tiene una corteza gruesa (hasta 25 centímetros) llamada corcho que se arranca cada 9 o 10 años, para proporcionar paneles aislantes **contra el ruido o el frío**, y **tapones** para las botellas. ¡Un roble puede producir corcho durante 150 años!

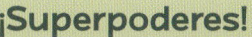

La acacia de Senegal produce de 5 a 10 kilos al año de **goma arábiga**, que se utiliza para hacer… ¡tus **dulces** favoritos!

¡Superpoderes!

La corteza de los árboles tiene **propiedades increíbles**, y se utiliza para curar, aislar, cocinar ¡e incluso perfumar la cocina!

La corteza para la cocina

La **canela** se ha utilizado como especia durante siglos. Adopta la forma de lascas de corteza que se enrollan en pequeños tubos al secarse, tras ser extraídos de un árbol, el **canelo**. ¡También puedes disfrutarla en polvo sobre las natillas!

La corteza impermeable

Resistente, ligera e impermeable, la corteza de abedul era utilizada antiguamente por las tribus de Canadá para fabricar **canoas**, raquetas de nieve y cestas. Pero también puedes escribir en ella: ¡hay incluso postales de abedul!

FESTIVAL DE CORTEZAS

La corteza de los árboles es una gran pista para ayudarte a reconocer las distintas especies, sobre todo porque algunos de sus colores y aspectos son realmente increíbles.

En esta página:

- EN LA PARTE SUPERIOR, eucalipto arcoiris

- EN EL CENTRO, *Eucalyptus rossii* y ceiba

- EN LA PARTE INFERIOR, madroño.

En LA PÁGINA DE LA DERECHA:

- EN LA PARTE SUPERIOR, cedro del Himalaya y plátano

- EN EL CENTRO, ARRIBA, secuoya y alcornoque

- EN EL CENTRO, ABAJO, arce chino gris y ciprés de Arizona

- ABAJO, pino marítimo y manzanita

¿Viajan los árboles ?

No es raro que una especie de árbol se desplace cientos de kilómetros de su hábitat natural porque sus **semillas han «cogido un taxi»:** es decir, han acabado en el estómago de aves o pequeños mamíferos que se han dado un festín con ellas. Una pequeña caca más tarde, ¡las semillas están listas para germinar en un nuevo entorno!

MUEBLES

ALIMENTACIÓN

FARMACIA

Muy apreciados

A través de la historia, los seres humanos siempre han buscado **árboles útiles para alimentarse y curarse, para construir casas**, etc. Por ejemplo, el único árbol frutal de origen verdaderamente europeo es… ¡el manzano! El melocotonero, por ejemplo, procede de Oriente Próximo, mientras que los almendros y los albaricoqueros vienen de Asia Central.

Objetos de curiosidad

En el siglo XIX, las **plantas tropicales** estaban de moda en las casas burguesas. Se interesaban por las nuevas especies con fines decorativos o por **curiosidad**. A los jardines públicos llegaron especies procedentes de las **colonias**, territorios de los que otros países habían tomado posesión en aquella época, en las cuatro esquinas del mundo. Hoy en día, se cree que gran parte de sus especies son de origen exótico.

Plátano

Este árbol, que suele verse en **plazas y paseos**, es en realidad un **híbrido** de una especie asiática y otra norteamericana. Se dice que este «matrimonio» tuvo lugar en España en el siglo XVII.

Acacia de Constantinopla

Este hermoso árbol con flores en forma de plumas, que se encuentra en muchos parques y jardines públicos, procede de Asia. Debe su nombre científico, Albizia, al botánico italiano Filippo degli Albizzi que lo trajo desde Constantinopla hacia 1740.

Eucalipto

Es un árbol originario de **Australia**, traído a Europa por el naturalista inglés Joseph Banks, que también introdujo la mimosa, así como... ¡los primeros ejemplares de canguros!

Castaño de Indias

El primero se plantó en 1615 en París, en el patio de la residencia privada del duque de Guisa. Se creía que este falso castaño procedía de la India hasta que John Hawkins, geólogo inglés, descubrió en 1790 que era originario de las montañas de los Balcanes (sureste de Europa).

Cedro del Líbano

Este es el único árbol que aparece en una bandera, la de Líbano.
En Europa, los ejemplares más antiguos tienen unos 300 o 350 años.
El cedro aparece en varios pasajes de la Biblia como símbolo de fortaleza, sabiduría y conexión con lo divino.

Arce

Existen **más de 150 especies de arce**: las primeras llegaron de América en el siglo XVII, las restantes de Asia en el XIX, cuando los europeos exploraron China y Japón. Su nombre castellano proviene del vasco Artze, «lugar pedregoso».

¡Alucina!

Este árbol es el más antiguo de París: lo plantó el famoso botánico Jean Robin en 1601, de ahí su nombre latino, *Robinia pseudoacacia* o falsa acacia. Sin embargo, esta especie tiene la desafortunada costumbre de eliminar a todas las demás que la rodean, por sus numerosos **retoños**: nuevos brotes que surgen de las raíces a pocos metros de distancia.

¿Existen los mismos bosques en todo el mundo?

¡Claro que no! Como puedes imaginar, todos los bosques no son iguales, ya que dependen del clima de la región del mundo donde crecen. En total, los bosques cubren el 30 % del planeta y albergan las tres cuartas partes de la biodiversidad mundial.

El bosque templado

Suele estar formado por **árboles de hoja caduca**, pero dependiendo de la ubicación, también puede estar formado por **coníferas** (pino y abeto). Crece al **ritmo de las 4 estaciones**, por lo que su aspecto y sus colores cambian a lo largo del año. Es el bosque más común en Europa, pero puede encontrarse en todos los continentes. También es el más atacado por el hombre para explotar su madera.

AMÉRICA DEL NORTE

AMÉRICA DE SUR

El bosque tropical seco (o subtropical)

Este bosque tiene **dos estaciones** que se alternan: seca y húmeda o lluviosa. La mayoría de los árboles pierden las hojas en la estación seca y vuelven a reverdecer en la estación lluviosa. Es el caso del **baobab**, que puede almacenar una enorme cantidad de agua para hacer frente a la estación seca. Los árboles de este bosque tienen poco interés para los humanos. Por ello los queman para recuperar tierras para la agricultura.

El bosque boreal

Los árboles crecen en condiciones climáticas extremas (mucho frío en invierno y calor en verano): el suelo es pobre, y a menudo está cubierto de nieve durante largos meses. Este bosque está formado por coníferas (abeto, alerce, pino), pero también por álamos y abedules. El bosque boreal representa el 30 % de los bosques del mundo y cubre enormes zonas del norte del globo, como Rusia y Canadá. Aquí viven animales protegidos por gruesas pieles como osos, linces y nutrias.

EUROPA

ASIA

ÁFRICA

AUSTRALIA

Bosque húmedo tropical

Representan la mitad de los bosques del mundo. Son calurosos y húmedos: ¡la temperatura nunca baja de 23 °C! Estos bosques altísimos, formados por distintas «capas» de vida, albergan además a la mitad de las especies animales y vegetales de la Tierra. También son campeones en atrapar dióxido de carbono, uno de los principales gases responsables del calentamiento global.

FORÊT

¿Qué es, exactamente, un bosque?

- Los árboles están muy juntos.
- Son altos: tienen al menos 5 metros de altura.
- Sus ramas y follaje son lo suficientemente grandes como para actuar de parasol: es la cubierta vegetal, que puede medirse y es un buen indicador de la salud de un bosque.
- Cubren una determinada superficie: al menos un cuadrado de 50 x 50 metros.
- Los árboles han crecido de forma natural; no han sido plantados por el hombre (pero la mayoría de las veces, el hombre ha intervenido...).

BOSQUES DE LEYENDA

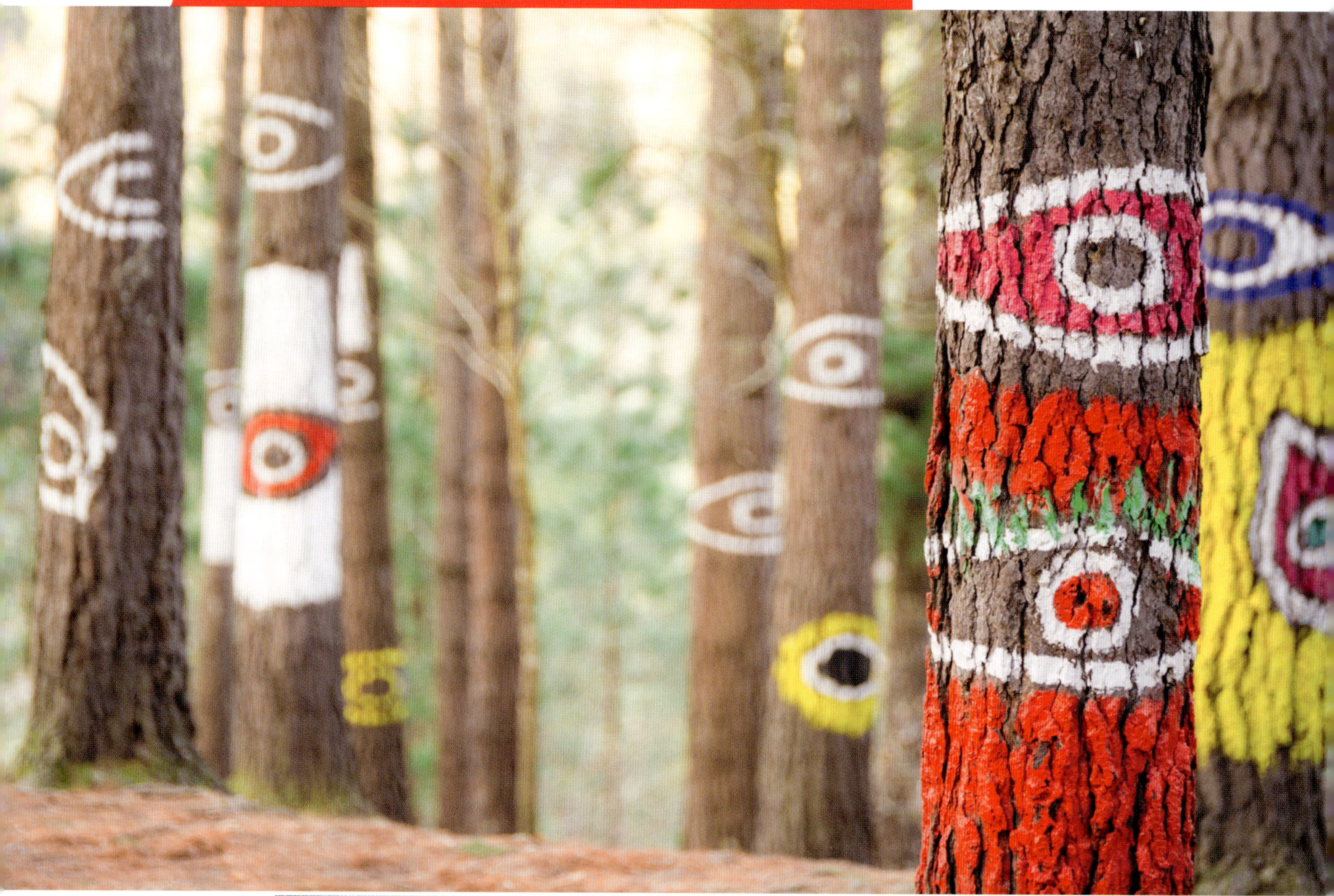

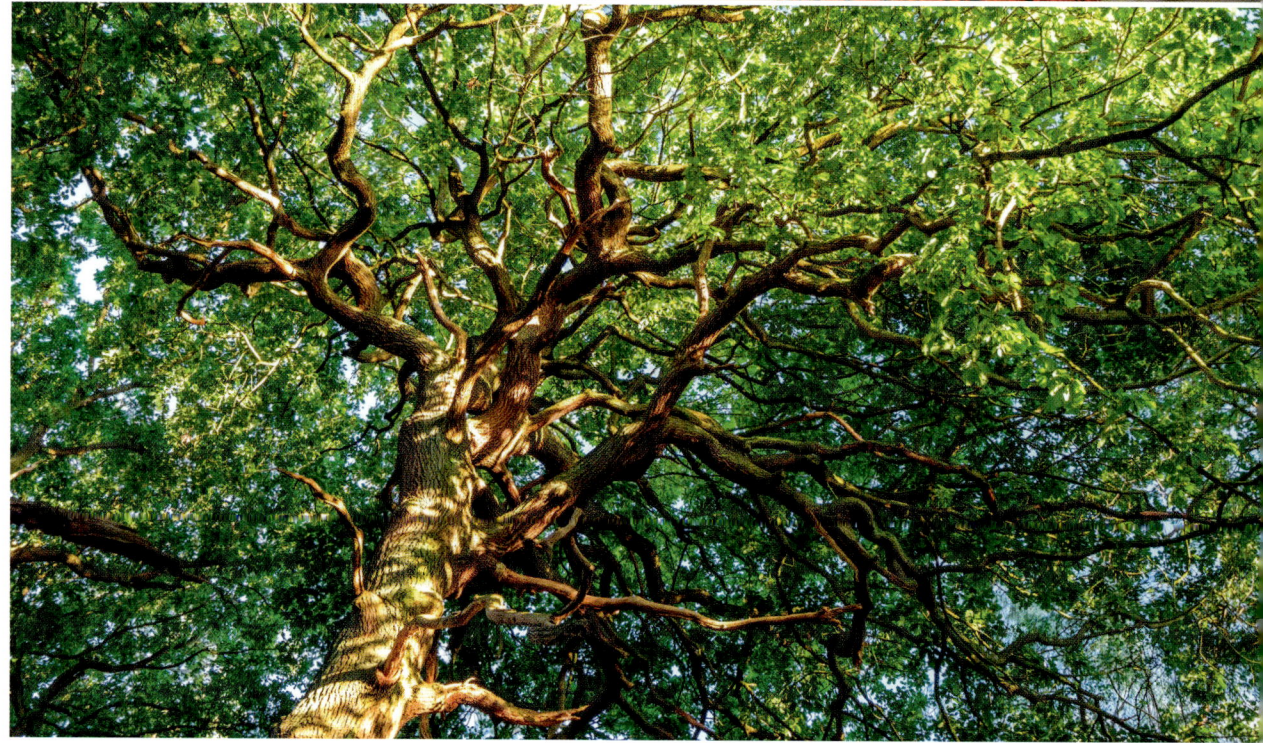

Bosque de Oma, *España, País Vasco.* Es un museo al aire libre creado por Agustín Ibarrola, que une el arte y la naturaleza.

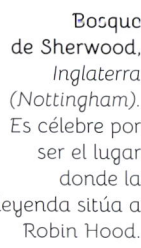

Bosque de Sherwood, *Inglaterra (Nottingham).* Es célebre por ser el lugar donde la leyenda sitúa a Robin Hood.

Bosque de Brocéliande,
Bretaña, Francia (arriba y abajo a la izquierda).
Según la leyenda, el hada Viviana y el mago
Merlín vivían en este bosque.

Bosque de Ashdown,
Essex, Inglaterra (izquierda)
Se dice que es el «Bosque de los Cien Acres»
de Winnie the Pooh...

Parque nacional de Zhangjiajie,
Wulingyuan, China (abajo)
Este paisaje increíble ha inspirado
al director de *Avatar.*

¿Es verdad que, antes, Europa estaba cubierta de bosques?

Antes de los romanos

Antes de la llegada de los romanos, los bosques cubrían gran parte de Europa. Sin embargo, tras la conquista romana, llegaron órdenes de comenzar a talar árboles para plantar cereales, principalmente trigo, de modo que gran parte de HIspania y la Galia se convirtieron en el granero de Roma.

Las estepas de Cromañón

Antes de nuestra era, el hombre de Cromañón vivía en paisajes esteparios (vegetación seca con arbustos ralos), ya que el clima del planeta se estaba calentando en aquella época. Hasta el 10.000 a .C. no surgieron los primeros bosques de hayas, robles y abedules.

En la Edad Media, los bosques vuelven... ¡y se van!
Entre los siglos v y x, **los bosques se extendieron** por toda Europa. ¿Por qué ocurrió esto? Los historiadores tienen dos hipótesis: la población era menor durante este periodo y el clima, especialmente lluvioso, favorecía el crecimiento de las plantas.

Después, entre los siglos xi y xiv, **los bosques se redujeron:** los señores animaban a los campesinos a talar árboles para liberar tierras para la agricultura. Por supuesto, gracias a los impuestos que recaudaban, ¡se enriquecieron en el proceso!

Madera para la conquista
Los siglos xv a xviii fueron una época de grandes conquistas marítimas al otro lado del mundo (América y Filipinas, por ejemplo), así como de guerras contra países vecinos (como Inglaterra y Francia). Los árboles se utilizaban para construir cajas, vigas, carros, barriles y, por supuesto, ¡barcos!

La dehesa
En la Edad Media se utilizaba el término dehesa para nombrar a las tierras y fincas dedicadas al pastoreo del ganado trashumante. No se podía sembrar en ellas, sino que se destinaban al descanso y alimento del ganado, que podía pertenecer a ganaderos o a los señores feudales.

Los barcos de la Gran Armada
Para la expedición contra Inglaterra que se preparó en 1588 se construyeron 20 galeones, 44 navíos mercantes armados, 4 galeazas y otras tantas galeras, 23 urcas, 22 carabelas, quince pinazas y 22 pataches. Mucha madera hacía falta para tanto barco. Se obtuvo principalmente de la montaña pasiega (Cantabria), para lo que se talaron ¡unos diez millones de árboles!

El Retiro y Napoleón

Aunque en la Francia de la Revolución se reivindicó el plantar árboles, durante la guerra de Independencia española (1808-1814), el palacio del Buen Retiro fue bombardeado y convertido en fortaleza militar. Solo quedaron escombros. Además, fueron talados miles de árboles y, al ser convertido en fortaleza militar, los ingleses ocuparon la fortaleza y volaron la Real Fábrica de Porcelana que estaba en el interior del antiguo recinto palaciego.

Madera para la industria

A principios del siglo XIX continuó la tala a gran escala, tanto para la construcción de barcos como para las múltiples industrias que empezaban a emerger, como la construcción de vías ferroviarias y trenes, fábricas y minería. Todos ellos necesitaban madera para funcionar.

Afortunadamente, no solo se destruyeron árboles. También se comenzaron a plantar para poder después disponer de madera.

Los bosques españoles a lo largo de los siglos

15.000 a.C.
Clima muy frío. Árboles en mesetas y grandes valles: abedules, pinos, abetos, tejos, etc. En lugares más protegidos, encinas o robles esteparios.

10.000 a. C.
Clima más cálido. Se multiplican los caducifolios: fresnos, avellanos, tilos, etc.

S. VI a. C
Poblaciones prerromanas. iberos, celtíberos,... El hombre empieza a intervenir con la agricultura y la ganadería en la evolución de los paisajes forestales.

Época romana (s. III a.C.-s. V d.C.)
Gran deforestación por el aumento de la población y el impulso de la agricultura.

Edad Media (s. V-X)
La caza y la ganadería favorecen la conservación de los bosques.

Edad Media (s. XI-XV)
El año 1273 se crea el «Honrado Consejo de la Mesta» para favorecer el aprovechamiento ganadero.

Córcega, comprada por... ¡sus pinos!

En 1768, Córcega fue comprada por Francia a la República de Génova por sus reservas de **pino laricio**: ¡Este árbol de 50 metros de altura es perfecto para hacer mástiles de barco!

Maderada

Esta técnica, que se remonta a la antigüedad, permitía transportar miles de piezas de madera dejándolas flotar en los ríos: la corriente las llevaba entonces a su destino, guiadas por los gancheros. Era un método práctico en una época en que las carreteras aún estaban en mal estado, incluso antes del desarrollo del ferrocarril.

Plan forestal 2022-2032

Este plan busca reforzar la protección de los suelos forestales frente a la desertificación, reducir la erosión, mantener los ciclos del agua y de nutrientes del suelo y mejorar los ecosistemas forestales.

El 28 % de la superficie forestal es pública y el 72 % restante es privada.

En la década de 1930…

… y ahora

Edad Moderna (s. XVI–XVIII) Los bosques retroceden por aumento de los cultivos, la utilización de leña y carbón y las construcciones. Se talan árboles para construir barcos.

Siglo XVIII Los grandes ilustrados piden una política agraria justa.

Siglo XIX Las desamortizaciones de Mendizábal (1841) y Madoz (1855) supusieron la tala de montes y bosques para dedicarlos al cultivo. Afectó a más de 5 millones de hectáreas.

1852 Creación del cuerpo de Ingenieros de Montes (1852) y Catálogo de Montes de Utilidad Pública (1868). Consiguió salvar importantes superficies de bosques de montaña.

Siglo XX 1938. Plan General de Repoblación Forestal de España. Entre 1940 y la década de 1980 se consiguió repoblar hasta 3,5 millones de hectáreas.

Hoy, 28.082.964 hectáreas de superficie forestal, lo que equivale al 55 % del total del territorio.

¿Quién vive en el bosque?

Si estás paseando por el bosque, presta atención a los crujidos, murmullos y susurros. Probablemente sean **criaturas de otro mundo** que se agitan en las sombras: enanos, elfos, duendes, hadas… en resumen, docenas de personajes de cuentos y leyendas de todo el mundo.

Ven a conocer a los miembros de esta enorme familia. Se les conoce con muchos nombres.

Los duendes

Salidos de los bosques, a estas pequeños seres traviesos les gusta liar a la gente, supuestamente por su propio bien… Una pista: si quieres verlos, ¡búscalos cerca del agua, como en estanques y ríos!

Los elfos

Originalmente, estas pequeñas criaturas de Escandinavia (norte de Europa) eran dioses de la fertilidad en la naturaleza. Feos y achaparrados, se convirtieron en seres grandes, bellos y elegantes bajo la pluma del escritor Tolkien en *El Señor de los Anillos*. En cambio, en Harry Potter, Dobby, el elfo creado por J. K. Rowling, es un ser inferior que los magos emplean como criado.

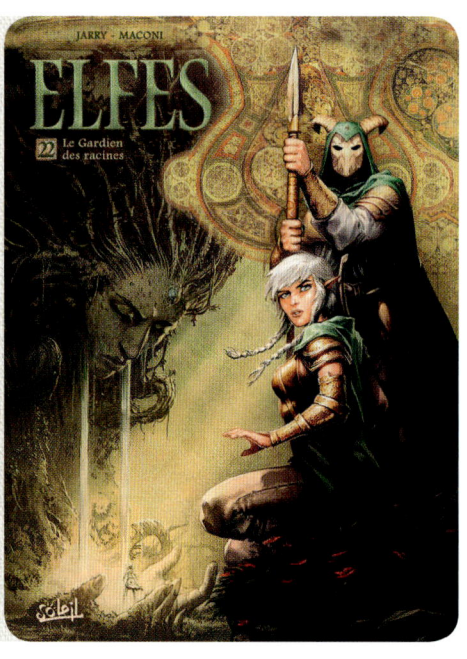

Los follets

Se encuentran en muchas historias, por todo el Mediterráneo, en Levante y hasta Aragón. Son muy traviesos y de pequeño tamaño. Se encuentran en las corrientes y los remolinos de aire.

Los enanos

Seguro que conoces a los más famosos de todos: son 7, ¡los compañeros de la famosa Blancanieves! Estos personajes, que suelen vivir bajo tierra, son de origen germánico (de Europa del Este). En las minas, tienen fama de proteger a los trabajadores de los derrumbes y de mostrarles las vetas adecuadas.

Los ogros y gigantes

¡No se pueden pasar por alto! Están asociados a la creación del Universo en muchos mitos, antiguas historias que el ser humano ha inventado para explicar el mundo. Estos gigantes levantan montañas, vacían mares y océanos (¡o los llenan!), y se alimentan de la tierna carne de los niños... ¡ten cuidado en el bosque!

Los ents

Son hombres con forma de árbol. Habitan la Tierra Media, en el universo creado por Tolkien, maestro de la fantasía. Son las criaturas protectoras de los árboles: hay que recordar que cuando el escritor los inventó, a mediados del siglo XX, su país, Inglaterra, era víctima de la deforestación.

Estos espíritus del bosque, que se oponen a la destrucción de los árboles, también aparecen en la película de animación *La princesa Mononoke* de Hayao Miyazaki.

El leprechaun

Este hombrecillo barbudo con sombrero y ropa verde es un ser fantástico de las leyendas irlandesas. La palabra *leprechaun* procede de las Lupercales, una antigua fiesta romana celebrada en honor del dios Fauno o Luperco, dios del bosque y los rebaños.

Las hadas

En muchos cuentos de hadas, son las madrinas buenas que se supone que velan por nuestro destino. La palabra «hada» procede del latín *fatum*, que significa «destino». Las hadas tienen su origen en la Edad Media y descienden de las ninfas y druidas de los galos. Vestidas de blanco, servían de intermediarias para rezar a los dioses-árbol del bosque.

Los gnomos

Estos seres inspiraron los primeros gnomos de jardín en la Inglaterra del siglo XIX. Feos y gruñones, se dice que son los guardianes de los tesoros enterrados.

Los goblins de los bosques

Miden de 40 a 60 centímetros, tienen las orejas puntiagudas, cabeza en forma de huevo y dientes de conejo: estos astutos seres que viven para la guerra y atacan por sorpresa a sus adversarios se hicieron famosos gracias a Tolkien en *El Hobbit*.

Los korrigans

Pequeños, negros y peludos, con su larga cabellera y sus ojos rojos, estos pequeños seres de las leyendas bretonas tienen a veces pezuñas de cabra o garras de gato. Según la historia, pueden ser amables o malévolos.

¿Por qué hay tantas historias sobre árboles?

Situado entre la tierra y el cielo, el árbol actúa como intermediario: ha sido durante mucho tiempo el «teléfono» entre la humanidad y los dioses que viven bajo tierra o en el cielo. Por ello, el árbol es un símbolo central en los mitos y religiones de muchas civilizaciones. Y lo ha sido desde la noche de los tiempos.

En **la mitología nórdica**, el Árbol-Mundo es un árbol gigantesco que une los 9 mundos existentes. La imagen más conocida es la del fresno Yggdrasil.

Símbolo de renovación y fuerza

El árbol pierde sus hojas en invierno y las recupera en primavera: es el símbolo de la renovación. Erguido y claramente visible incluso en invierno (a diferencia de muchas plantas), encarna la fuerza, la solidez y la renovación.

En el budismo

En la religión budista, Buda experimentó la iluminación bajo un árbol, una higuera de las pagodas, también conocida como Bodhi, el árbol más sagrado de esta religión. Cuenta la leyenda que el árbol original fue destruido y replantado tres veces; la última en 1881.

En la antigua Grecia

Los árboles, sobre todo los frutales, se asocian a la feminidad por su capacidad de producir frutos nutritivos. En la mitología griega, Pomona era la diosa de todos los frutos y las dríades son ninfas a menudo representadas con una corona de hojas de roble y bailando alrededor de un árbol.

En el cristianismo

En la Biblia se puede encontrar la palabra «árbol» ¡160 veces!

Aparecen los siguientes árboles:

> **El árbol de la ciencia del bien y del mal**, seguramente una **higuera** o un **granado** (y no un manzano), en el jardín del Edén de Adán y Eva.

> El **olivo**, que crece en tierras áridas: la paloma que lleva una rama de olivo a Noé para decirle que el agua se ha retirado de la tierra se ha convertido en un símbolo de paz.

> El **cedro**, símbolo de la protección de Dios: este árbol tiene una gran copa que nunca se pudre y rara vez es atacado por insectos.

> La **encina**, símbolo de la longevidad. Bajo una encina Jesús se apareció a Abraham.

> El **azufaifo**, o espina santa, es el árbol espinoso del que se dice que se hizo la corona de Cristo.

Para los celtas

Los árboles son los mensajeros de los druidas (los sacerdotes de la civilización celta, que se remontan al 700 a.C.). Están en la confluencia del agua, la tierra y el cielo. En el **calendario celta**, a partir del 23 de diciembre, hay 13 meses, cada uno de ellos vinculado a un árbol: el abedul, el serbal, el fresno, la encina, el roble, el acebo, el ciruelo, etc.

Los celtas ya eran expertos en **astrología** (práctica que pretende identificar la personalidad de cada persona según su fecha de nacimiento). Asociaban los árboles a rasgos de carácter: por ejemplo, si tu árbol tótem es la higuera, ¡eres muy organizado!

¿Qué vas a plantar?

Fresno, manzano, magnolio, arce plateado, etc. Tienes una enorme variedad de árboles y arbustos para plantar, piensa cuál es el más adecuado de acuerdo con el lugar.

El árbol, un mensajero político

El árbol es perfecto para convertirse en un símbolo de los países: con sus raíces, simboliza estar conectado a una tierra, a un territorio. Al elevarse hacia el cielo, puede evocar el crecimiento y el desarrollo. Con todos los significados que puede conllevar, ¡el árbol es un gran «instrumento» para enviar mensajes políticos!

El roble de san Luis

El rey san Luis de Francia (1214-1270) impartiendo justicia al pie de su roble es uno de los primeros usos políticos del árbol..

Los árboles de la libertad

Durante mucho tiempo, fue costumbre plantar un árbol (o una rama) delante de la casa de una persona a la que se quería honrar; o bien en el centro de un pueblo, para celebrar el regreso de la primavera, por ejemplo. A partir de 1792, los revolucionarios franceses retomaron este símbolo y plantaron más de 60.000 árboles, a los que llamaron «árboles de la libertad». Pero atención: en aquella época, quien atacaba un árbol de la libertad podía acabar... ¡guillotinado!

¿Por qué los bosques dan miedo?

El bosque **puede dar miedo** porque desde que éramos pequeños, hemos oído montones de historias ambientadas en un bosque amenazador, ¡poblado por criaturas de diversos grados de maldad!

- El lobo feroz de Caperucita Roja, escondido… detrás de los árboles del bosque.
- Pulgarcito y sus hermanos son abandonados por sus padres… en el bosque.
- Hansel y Gretel buscan refugio en la casita de chocolate… de la bruja… en medio del bosque.

Y ahora tú: Busca otros ejemplos de cuentos para niños en los que el bosque se presente como un entorno hostil y peligroso.

Plató de películas de miedo

En las películas, ¡pasa es lo mismo! Casi siempre hay un asesino desquiciado que persigue a una joven que se queda sin aliento... ¡en medio de un bosque! Y en las series policíacas, los cadáveres siempre se descubren bajo hojas muertas... ¡en el bosque! Todo un género de películas y series de televisión eligen el bosque como escenario de sus escenas más terroríficas: *Miércoles, Posición infernal, La cabaña en el bosque...*

Todos buscan su árbol

Según el psicoanálisis, una rama de la psicología, el bosque es nuestro inconsciente: nos aventuramos en él en sueños cuando estamos **dormidos**, pero también en momentos de ansiedad o cuando reflexionamos sobre nosotros mismos. Cada individuo estaría representado por un árbol, y los demás individuos formarían el bosque. **Cada persona buscaría entonces su árbol**, intentando evitar animales salvajes y ladrones y ¡buscando hadas buenas y princesas!

Dibújame un árbol

En psicología, existe un test, llamado «del árbol de Koch», que consiste en **dibujar un árbol**: suelo, tamaño del tronco y de las ramas, presencia de frutos, colores, etc. ¡Todas estas elecciones dicen mucho sobre nuestra personalidad!

Sombras e imaginación!

Opresiva, sofocante, inquietante: la **selva tropical**, chorreante de humedad y habitada por tarántulas y serpientes venenosas, se ha convertido casi en un personaje por derecho propio en muchas de las grandes historias y películas de aventuras como *Tarzán, Indiana Jones, La misión...* Sobre todo, los árboles, con sus zonas de sombra y sus rincones oscuros, ofrecen multitud de **escondites**: la imaginación hace el resto cuando se trata de inventar los seres más aterradores.

El bosque para hablar de mí mismo

Otro test psicológico consiste en que el paciente **visualice un bosque**. Este test permite al psicólogo conocer mejor a la persona haciéndole una serie de preguntas como: «¿Es fácil avanzar por el bosque? ¿Cómo son los árboles? ¿Está oscuro? ¿Quién abre la puerta de la cabaña en la que te refugias?

¿Siempre ha sido un abeto el árbol de Navidad?

Abetos alsacianos

Los primeros árboles de Navidad eran abetos.
Los países del norte de Europa ya decoraban un árbol con manzanas, pasteles y dulces. Los historiadores han señalado que **en 1521 se colocó la estrella de Belén** (la que guio a los Magos a Belén a adorar al Niño Jesús) en lo alto de un árbol decorado. Es la primera mención de un árbol de Navidad. A partir de 1560, fueron los protestantes quienes perpetuaron esta tradición celebrando la llegada de Cristo a la Tierra.

Milagro

También cuenta la leyenda que san Bonifacio, monje inglés enviado en misión para convertir a los paganos (los que no tenían religión o creían en más de un dios), hizo talar un roble para convencer a los galos de que el árbol no era sagrado. Al caer, el roble aplastó todo lo que encontró a su paso, excepto un joven abeto ¡que fue bautizado como el «Árbol del Niño Jesús»!

Elfos de los abetos

Antiguamente, los árboles de Navidad no se cultivaban, sino que **se iba al bosque a buscarlos.** O bien los arrancaban para replantarlos, o bien los talaban por la base. Los alemanes y los rusos preferían esta opción porque sus leyendas hablan de **duendes** que viven en el tocón y las raíces del árbol y no querían dañarlos, pues de lo contrario los supersticiosos podrían verse condenados a compartir su desgracia.

Mejor con agujas menos afiladas

Hoy en día, los árboles de Navidad no se arrancan del bosque, sino que se crían en viveros. Hay dos tipos principales de árboles de Navidad: el abeto, principalmente el de Normandía, de agujas menos afiladas y al que no se le caen al secarse, y la pícea.

Uno de los mayores árboles de Navidad iluminados es el del **Rockefeller Center de Nueva York**. ¡Tiene más de 25 metros de altura!

¿Qué árbol compro?

Lo más recomendable es comprar aquellos que procedan de viveros certificados y con cepellón., es decir, con las raíces, para así poder replantarlos luego. Está prohibido coger del campo árboles o musgo. Se debe acudir a los viveros o lugares de venta autorizados. Sí se pueden recoger, en pequeñas cantidades, y para uso particular, piñas de pino y pinocha; ramas, cortezas y piedras que no sean grandes.

¿Y después de Navidad?

¿Qué debemos hacer con los árboles de Navidad que compramos cada año? Muchos ayuntamientos recogen los árboles después de Navidad, para plantarlos. Si está en malas condiciones, cada vez más abetos se trituran para hacer mantillo (que ayuda a proteger las plantas de la sequía). Otros se transforman en compost, lo que significa que, al descomponerse con el tiempo, formarán una tierra muy rica que nutrirá a las plantas.

¿Mi apellido puede proceder de un árbol?

Los apellidos aparecieron por primera vez en el siglo XI: a medida que la población empezó a crecer, se distinguía a las personas dándoles un apellido según su profesión, el lugar donde vivían y, a veces, ¡incluso según los árboles que crecían a su alrededor! Tu apellido quizá provenga de un árbol…

¿ELISA OLMO?

¿ISABEL PINO?

¿PABLO CASTAÑO?

¿FERNANDO CARRASCO?

ÁLAMO
Apellidos: Álamo, Alameda.

Frases hechas o refranes: *El álamo largo y enjuto, ni da sombra ni da fruto.*

EL ROBLE
Apellidos: Robles, Rebollar, Rebolledo, Reboredo (del roble tocido o rebollo), Carbajal o Carvajal, Carballo, Carballedo, Carrasco (a partir de otros nombres del roble).

Frases hechas o refranes: *Fuerte como un roble.*

La Fayette, el famoso general francés del siglo XVIII, debe su apellido al nombre del haya en francés.

HAYA
Apellidos: Haya, Hayedo Haedo, Edo.

ALISO
Apellidos: Aliso, Alisa, Aliseda, Alisal

José María Casado del Alisal (1832-1886) fue un pintor del Romanticismo que reflejó en sus lienzos grandes acontecimientos históricos.

NOGAL

Apellidos: Delnogal, Nogueral, Noguera, Nogareda, Noceda, Nocedal, Nogales.

Frases hechas o refranes: *A la sombra del nogal no te sientes a descansar; Al nogal y al olivo, trátalos con cariño.*

PINO

Apellidos: Pineda, Piñero, Piñeiro.

Nombre: Pino.

Frases hechas o refranes: *Irse al quinto pino; Por san Martino se le coge la piña al pino.*

FRESNO

Apellidos: Fresno, Fresneda.

Frases hechas o refranes: *En enero suda el fresno.*

OLMO

Apellidos: Olmo, Olmeda, Olmedo.

Nombre: Olmo.

Frases hechas o refranes: *Pedir peras al olmo o uvas al espino supone un muy gran desatino.*

TILO

Apellido: Tilo, Esquivel (apellido vasco, de *ezki* o *eski*, que significa «tilo», y *gibel*, «parte posterior»: 'parte posterior del bosque de tilos').

ABEDUL

Apellidos: Abedul. Urquía, Urquijo (del nombre del abedul en euskera: *urqui*).

Frases hechas o refranes: *Albarcas y coladores, de abedul son los mejores.*

SAUCE

Apellidos: Saez, Salcedo.

Frases hechas o refranes: *La nieve no rompe las ramas del sauce.*

¿Sabrías reconocer el árbol?

Los nombres de muchos lugares proceden de los árboles que crecían en ese lugar: Castañeda (castaño), La Fresneda (fresno), Acebuchal (acebuche, olivo silvestre), La Sauceda (sauce), Robleluengo (roble), La Acebeda (acebo), Madroñera (madroño), Rebollo de Duero (variedad de roble), Figueruelas (higuera), Olmeda de las Fuentes (olmo), Tejeda de Tiétar (tejo)...

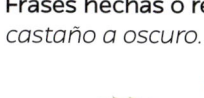

CASTAÑO

Apellidos: Castaño, Castañeda, Castañar. Castañares

Frases hechas o refranes: *Esto pasa de castaño a oscuro.*

Álvaro Urquijo, líder de Los Secretos, Su nombre procede del nombre en euskera del «abedul».

¿Qué es un árbol genealógico **?**

Desde el siglo XVI, la imagen del árbol se utiliza para representar los vínculos entre los miembros de una misma familia. La savia es el símbolo de la sangre y las ramas son perfectas para indicar «quién desciende de quién».

Diviértete creando tu propio árbol genealógico de 4 generaciones, escribiendo los nombres (o pegando las fotos) de tus padres, tus abuelos y los padres de tus abuelos.

Bisabuelo · Bisabuela · Bisabuelo · Bisabuela · Bisabuelo · Bisabuela · Bisabuelo · Bisabuela

Abuelo · Abuela · Abuelo · Abuela

Mamá · Papá

YO

¡Un árbol con más ramas!

Puedes utilizar este otro modelo como inspiración para dibujar un árbol más completo, añadiendo ramas para mostrar hermanos, primos, tíos…

¡Alucina!

En agosto de 2012, una persona organizó una reunión familiar de… **4.514 primos** (de los 32.000 primos vivos que había conseguido localizar). Reunió su árbol genealógico, que se remontaba a **1650**, año en que se casaron sus antepasados lejanos, una pareja de agricultores. Su árbol genealógico mide… **¡480 metros de largo!**

Algunos árboles genealógicos de grandes familias históricas a lo largo de muchas generaciones…

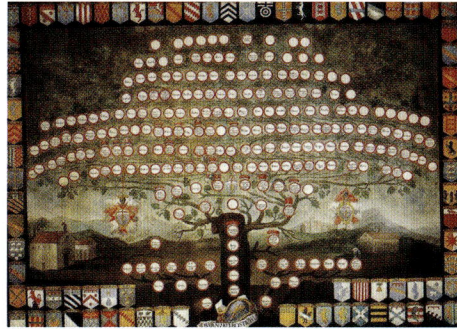

¿Árboles multiusos?

¡Fíjate! Un árbol puede tener muchos usos: se puede utilizar para rezar, para observar a los enemigos en secreto, para producir miel, para bailar o incluso… ¡para beber!

¿Has visto a la Virgen María?

En el pasado, los árboles se transformaban a menudo en oratorios. Había muchos **pequeños altares** dedicados a la **Virgen María**. Se ahuecaba un tronco, se colocaba **una imagen en su interior** y se dejaba que el tiempo siguiera su curso: a medida que el árbol cicatrizaba, la imagen quedaba encerrada en la madera. El roble de Allouville, considerado el más antiguo de Francia (¡más de mil años!), alberga dos pequeñas capillas.

Camuflaje

Durante la Primera Guerra Mundial (1914-1918), los árboles se transformaron en puestos de observación para los soldados. Artistas o decoradores teatrales «maquillaban» troncos huecos e instalaban, por ejemplo, un periscopio, instrumento capaz de ver el exterior como si se estuviera en un submarino. En 1916, a 150 metros de los primeros soldados alemanes, un artista creó un álamo artificial de 9 metros de altura, ¡equipado con un teléfono!

Miel de árbol

Estos troncos huecos son…
¡colmenas! Aún puedes
encontrarlas en algunos
lugares. La práctica se
remonta a la **prehistoria:**
¡se han encontrado
representaciones de
troncos–colmena de
hace más de 8.000 años
en cuevas como las de
la Araña, en Bicorp, en la
provincia de Valencia!

¡Vamos a bailar!

Esta extraña estructura es, en efecto, ¡un árbol! Se trata
de un **tilo** superfuerte, capaz de sostener plataformas
apoyadas en un armazón. Este es un **árbol para bailar:**
en algunos pueblos del norte de Europa, los habitantes
solían bailar allí para celebrar la primavera, las cosechas
o las bodas. Originalmente, estas plataformas eran
montadas por sastres, que fabricaban cuerdas con
la corteza del tilo.

Tomar una copa en un baobab

En Sudáfrica, en el corazón de uno de los baobabs más antiguos del mundo, se ha creado el Sunland
Baobab, un pequeño **bar** donde pueden tomar una copa 15 personas. En Australia, un baobab de
14 metros de circunferencia se utilizó como **prisión** en la década de 1890. El baobab también se ha
utilizado como **cisterna** para almacenar miles de litros de agua de lluvia para la estación seca… Por
último, ¡también hemos visto baobabs transformados en **paradas de autobús o aseos públicos!**

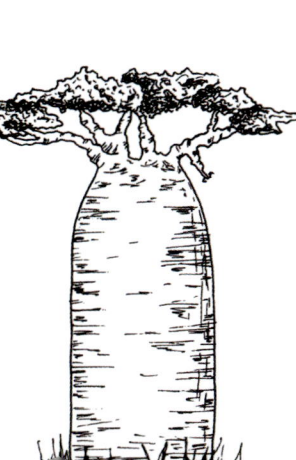

FRUTAS
VARIADAS

Rojo de Rosellón

ALBARICOQUES

Modesto

Polonés

Canino

Luizet

Bergeron

CEREZAS

Cereza fresa

Del Jerte

Tamara

Cereza blanca

Coral

Corazón de paloma

Corazón de buey

MELOCOTÓN Y NECTARINA

Nectarina roja

Nectarina amarilla

Blanco de viña

Melocotón de Murcia

De Calanda

CIRUELAS

Arandana

Dátil

Chirquity

De Carrenas

De san Antonio

Royale

Grand Prix

Santa Rosá

Bella
lucrativa

PERAS

Pera
de agua

Williams

Pera angélica

Conferencia

Pera de cura

Malus floribunda

Royal gala

MANZANAS

Reineta

Chantecler

Golden

¿Puede un árbol darnos de comer?

Manzana, albaricoque, cereza, pera, ciruela, higo, naranja, nuez, melocotón… ¡la lista es interminable! ¿Adivinas de dónde procede la fruta? ¡Pues sí!, de los árboles, ¡por supuesto!

¿Y las verduras?, ¿crecen en los árboles?

Todo lo que procede de los árboles se llama «fruta», pero en la cocina, muchos frutos de los árboles, como las castañas, se utilizan como verduras. Y ciertas variedades trepadoras, como la judía verde, ¡casi podrían dar la impresión de crecer en los árboles!

¿Zumo de abedul?

Se perfora la corteza de un abedul, se atraviesa con un tubo y se recoge la savia en una botella: así de fácil es recoger zumo de abedul. Este zumo se consume (para adultos) con fines medicinales. Hay que beberlo todos los días durante 2 o 3 semanas para limpiar el organismo. Hay que ser muy valiente, porque el zumo de abedul es ¡realmente asqueroso!

¡Qué rico!

El sirope o jarabe de arce que puedes disfrutar en un gofre o una tostada suele proceder de Quebec, Canadá. Se elabora a partir de la savia de arce recogida en primavera. Tras calentar de 35 a 40 litros de agua de arce se obtiene… ¡solo 1 litro de jarabe!

Ötzi, el hombre que se alimentaba del bosque

En 1991, unos excursionistas de los Alpes descubrieron la momia de un hombre, al que más tarde se apodó **Ötzi**, que vivió... ¡hace más de **5.000 años**! Los arqueólogos encontraron **restos de polen** de pino, abeto y carpe en su tubo digestivo. Gracias a ello, pudieron determinar la altitud a la que había caminado en las horas previas a su muerte. Es increíble, ¿verdad?

Se describe a **Ötzi** como un hombre de los bosques porque se encontraron restos de **madera** por todas partes: los mangos de su cuchillo, el hacha y el arco, así como las flechas. ¡Incluso llevaba una mochila con armazón de madera!

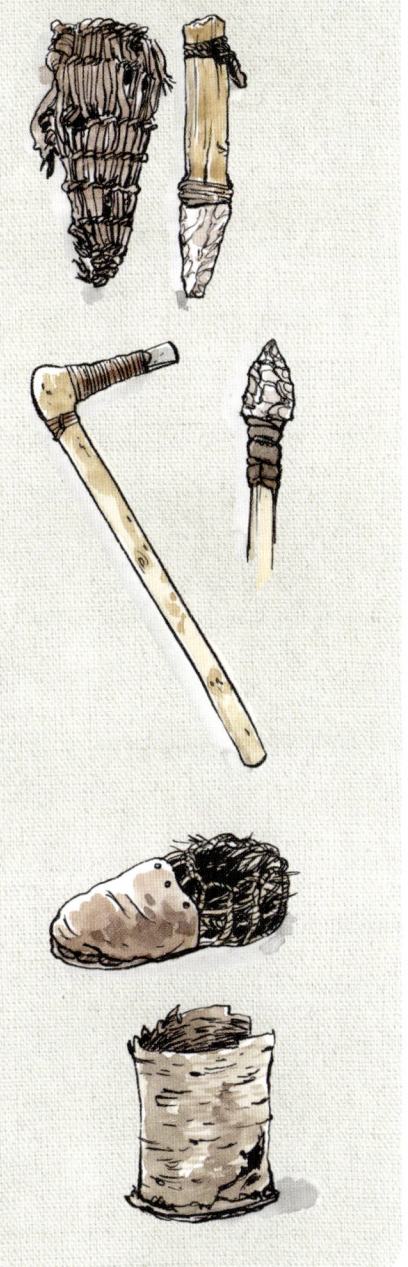

¡Alucina!

¿Has visto alguna vez un ciruelo con dos tipos de ciruela, verde y morada, por ejemplo? Esto se consigue con un injerto: se injerta una pequeña rama de una especie considerada interesante a un árbol de la misma familia. La rama injertada tiene la misma edad que el árbol del que se tomó, por lo que produce frutos sin demora. De lo contrario, ¡habríamos tenido que esperar 10 años para que el árbol produjera fruto!

¿Todavía hay pueblos que viven en los bosques?

EN CANADÁ

En los bosques de Canadá viven 600 tribus, entre ellas los indios cree, que siguen viviendo en gran medida de la caza, la pesca y la recolección. Se los conoce como **Primeras Naciones** porque sus antepasados estaban allí antes de la llegada de los europeos. Sus tradiciones y creencias están unidas al bosque.

Los bosques boreales albergan a 60 millones de personas.

40 millones de personas viven en los bosques de América Latina y el Caribe (incluidos 30 millones en la selva amazónica).

Se calcula que actualmente 1.600 millones de personas viven en los bosques del mundo (de una población total de 8.000 millones). Estas personas dependen de ellos para su alimentación.

Los habitantes de los bosques viven principalmente en las selvas tropicales. ¡Son 805 millones!

EN BRASIL

Cientos de tribus viven en la selva amazónica. Se calcula que más de 70 de ellas viven **sin ningún contacto con el resto del mundo**.

En Brasil, las zonas donde viven las tribus están protegidas: está prohibido talar árboles. Por desgracia, a veces no se respetan estas prohibiciones. Las tribus siguen amenazadas por la destrucción de su entorno vital, pero también por enfermedades traídas del exterior.

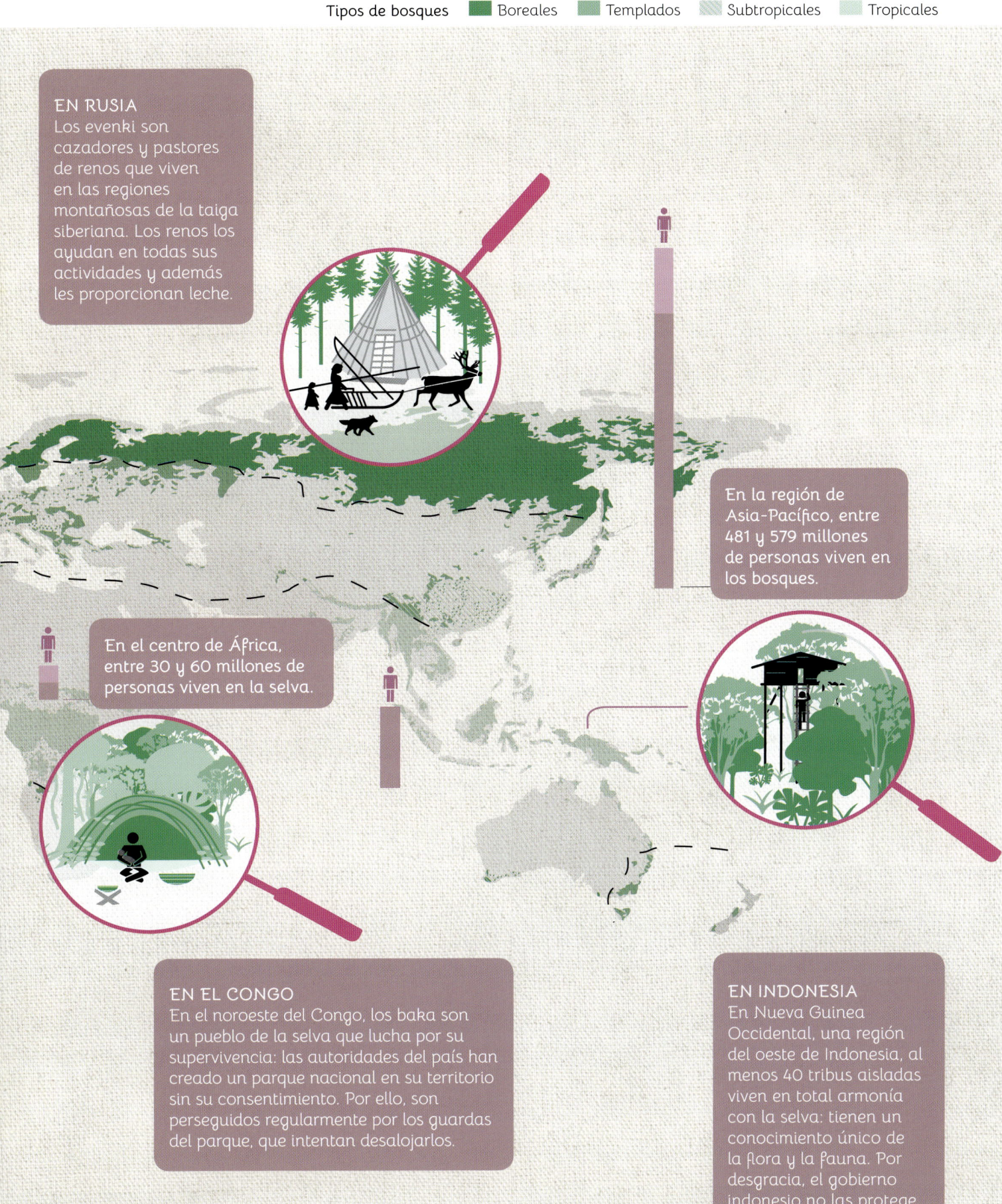

Tipos de bosques   Boreales   Templados   Subtropicales   Tropicales

EN RUSIA
Los evenki son cazadores y pastores de renos que viven en las regiones montañosas de la taiga siberiana. Los renos los ayudan en todas sus actividades y además les proporcionan leche.

En la región de Asia-Pacífico, entre 481 y 579 millones de personas viven en los bosques.

En el centro de África, entre 30 y 60 millones de personas viven en la selva.

EN EL CONGO
En el noroeste del Congo, los baka son un pueblo de la selva que lucha por su supervivencia: las autoridades del país han creado un parque nacional en su territorio sin su consentimiento. Por ello, son perseguidos regularmente por los guardas del parque, que intentan desalojarlos.

EN INDONESIA
En Nueva Guinea Occidental, una región del oeste de Indonesia, al menos 40 tribus aisladas viven en total armonía con la selva: tienen un conocimiento único de la flora y la fauna. Por desgracia, el gobierno indonesio no las protege.

¿Crecen los bosques como quieren?

Los bosques no crecen exactamente «como les da la gana»: ¡han sido moldeados por el ser humano!

Plantar después de talar

Los seres humanos llevan siglos utilizando el bosque para satisfacer sus diversas necesidades, por lo que inevitablemente han aprendido a **gestionar este recurso esencial.** No se limitan a talar los árboles a su antojo: plantan otros nuevos después de talarlos o los cultivan especialmente para explotarlos. Esto se llama **silvicultura.**

Explotación de bosques

España cuenta con una superficie forestal de 28.millones de hectáreas, lo que equivale al 55 % del total del territorio. De ellas, la mitad son **espacios protegidos que no se pueden alterar.**

Talar o conservar

En la **prehistoria**, se recogía la leña del bosque, principalmente para calentarse. En los primeros tiempos de la agricultura, para ganar tierras, se empezaron a talar los bosques. A lo largo de la historia, ha habido grandes periodos de **deforestación** y épocas en que los bosques han recuperado terreno. Fue en el siglo XVIII cuando empezaron a establecerse realmente las **grandes teorías de la silvicultura.**

¿Cruel?

Si ves un árbol con un **círculo rojo**, significa que va a ser talado. Puede parecer cruel talar este árbol hermoso y sano. Sin embargo, estas decisiones las toman los especialistas en función de su edad, su altura, el diámetro de su tronco y su posición en relación con todos sus «amiguitos» de alrededor.

BOSQUE REGULAR
GESTIÓN POR SUPERFICIE

BOSQUE IRREGULAR
GESTIÓN POR ÁRBOL

¡Viva la luz!

La tala de árboles crea **zonas muy abiertas** que son favorables para distintas especies de insectos, aves rapaces y aves que anidan en el suelo. Y el 90 % de la **diversidad** de la **flora** del bosque se encuentra en los bordes o en los claros, donde hay más **luz**.

Reservado a los grandes

En algunas zonas, los silvicultores conservan solo los **árboles grandes**. Estos árboles grandes han sido plantados deliberadamente por los forestales o han crecido por sí solos.

Árboles de la misma generación

En un bosque normal, **los árboles similares crecen en grupos:** tienen la misma edad o el mismo tamaño. Una vez que han alcanzado la madurez (150 años para un roble o 55 años para un abeto, por ejemplo), se talan todos los árboles. Estos árboles proporcionan madera de gran **calidad**, sobre todo para tarimas para el suelo.

TALA A RAS

TALA CON ENTRESACADO

TALA PROGRESIVA PARA REGENERACIÓN

TALA PARA JARDÍN

Conservar los árboles más fuertes

Los forestales hacen cálculos complejos para decidir si **entresacar** o **talar** (cortar todos los árboles cerca de la base del tronco). Un clareo es una tala en la que los árboles aún no están maduros: se eliminan algunos para que los demás puedan ganar luz, crecer mejor y, en definitiva, ser más fuertes.

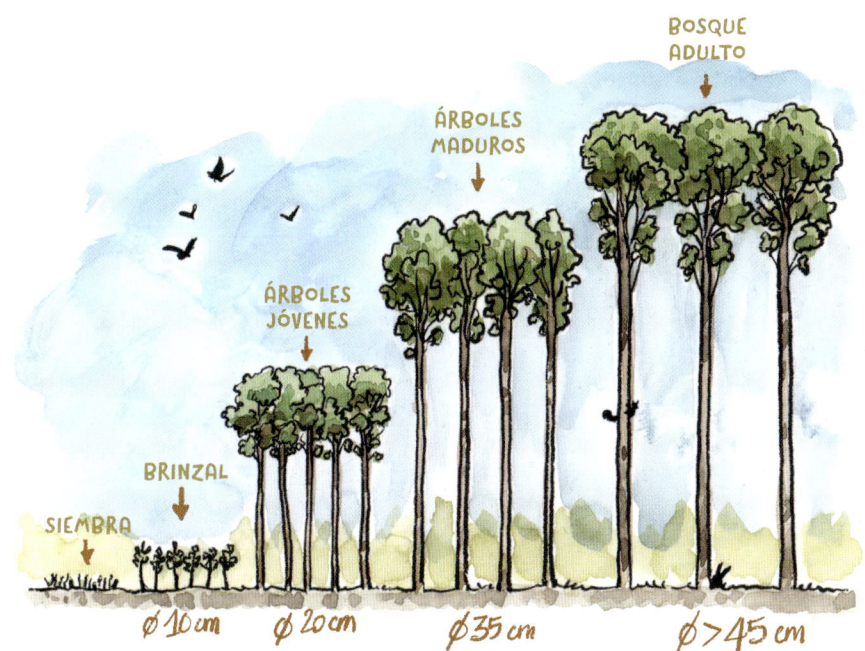

BOSQUE ADULTO

ÁRBOLES MADUROS

ÁRBOLES JÓVENES

BRINZAL

SIEMBRA

Ø 10 cm   Ø 20 cm   Ø 35 cm   Ø > 45 cm

¿Cómo cuidan los forestales un bosque caducifolio?

0-10 años: las semilas

Los forestales siembran plantones de árboles (brotes que han salido de una semilla), los protegen y los ayudan a crecer.

10-35 años: los árboles han crecido

Los forestales fomentan su crecimiento talando los árboles más débiles para dar paso a los más fuertes.

35-180 años: la madurez

Los forestales seleccionan los árboles más hermosos para reproducir sus semillas. Los elegidos serán los progenitores de los futuros árboles.

180 años y más: la renovación

Se talan los árboles más viejos y se siembran plantones que crecerán rápidamente; comienza un nuevo ciclo forestal.

¿Qué proviene de los árboles que nos rodean?

Mira a tu alrededor y verás: tarima, mesas, sillas, troncos o *pellets* de madera para la chimenea, pero también pañuelos, papel, cartón, lápices, etc. ¡Hay tantos productos hechos de madera!

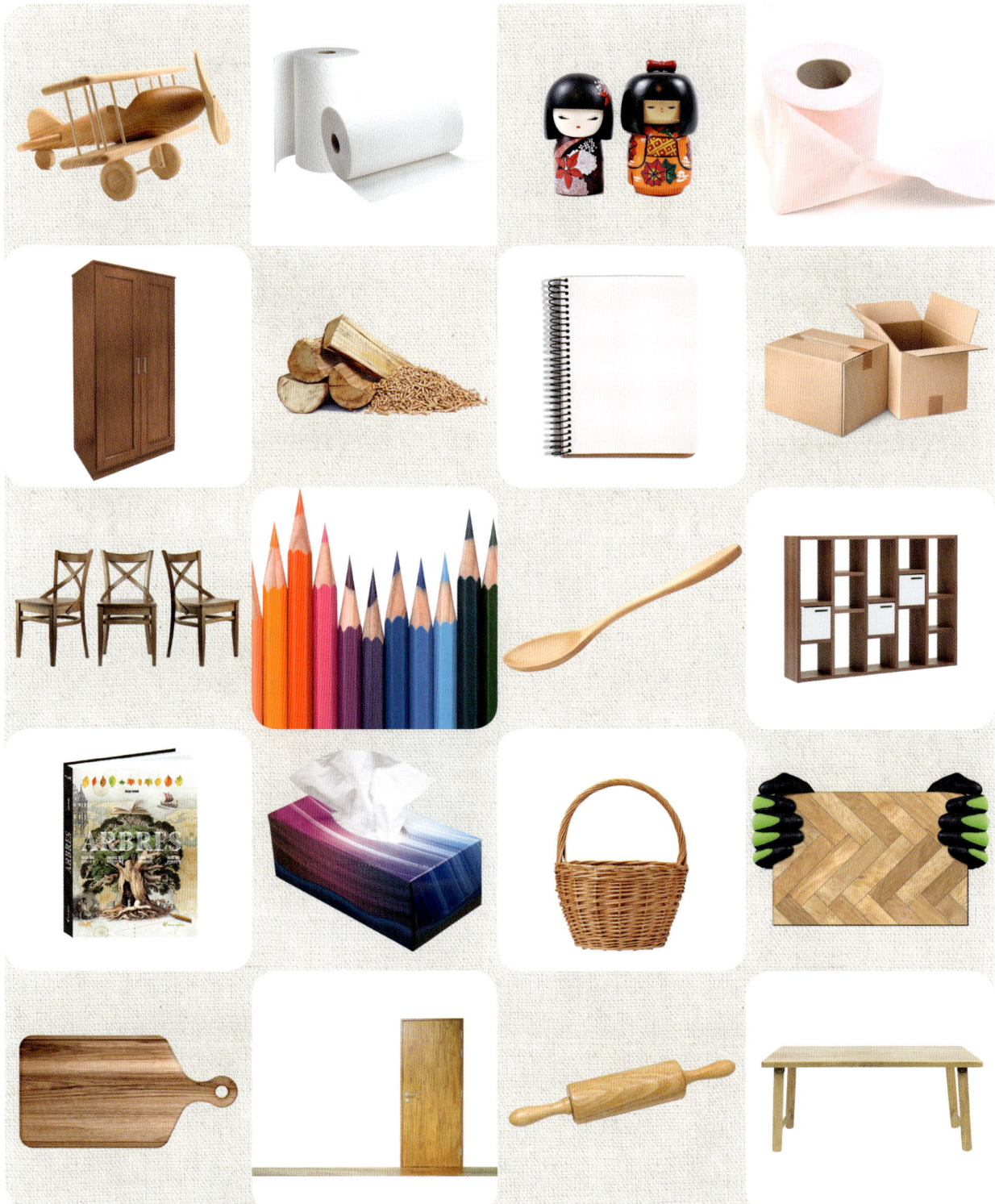

La mejor leña

¿Quieres saber cuál es la mejor leña? Apunta: la de estos árboles: **encina, roble, haya, arce y fresno.**

Casas, papel y cartón

En el siglo xx, la madera se utilizaba principalmente para construir **casas**, fabricar **muebles** y producir **papel** y cartón.
Pero en el siglo xxi también se emplea cada vez más en **bioquímica** y **bioenergía.**

Álamos descortezados

Las **cajas** y cajones utilizados para embalajes de transporte se fabrican con madera de **álamo**, cultivada en grandes **alamedas**. El tronco del árbol se corta en grandes hojas mediante enormes máquinas, ¡como pelar la piel de una manzana!

¿Qué es la bioquímica?

Hoy en día, buscamos sustituir el petróleo, que se utiliza en la fabricación de muchos materiales (plásticos, textiles, combustible, etc.), por la **química verde**, derivada de las plantas. Los extractos de madera, por ejemplo, pueden utilizarse para fabricar pegamento, cosméticos, tintes, aromas alimentarios, nuevos **plásticos y tejidos.**

¿Y la bioenergía?

La madera en forma de troncos (o *pellets*) puede utilizarse como fuente de energía para calefacción o transporte. Puede complementar o incluso **sustituir a los combustibles fósiles (fuentes de energía que no se renuevan)** como el carbón, el gas natural, la gasolina y el gasóleo.

Carbón vegetal multiuso

El carbón vegetal es **madera** que ya se ha quemado y luego se vuelve a quemar. Es eficaz y produce rápidamente más calor que la leña: ¡perfecto para hacer **barbacoas**! El hombre prehistórico ya utilizaba el carbón vegetal, no solo para dibujar en las paredes, sino también para cocinar y calentarse, al igual que los griegos, los vikingos y muchos otros pueblos. El carbón vegetal también se utilizó durante mucho tiempo para fabricar hierro: esta industria se tragó decenas de miles de hectáreas de árboles.

Un bosque para construir un armazón!

El armazón de Notre-Dame de París databa de finales del siglo XII y principios del XIII. Se fabricó con la madera de ¡1.300 robles! Por eso la catedral recibe el sobrenombre de «bosque».

Tras el incendio del 15 de abril de 2019, todas las regiones de Francia se unieron para donar robles para reconstruir esta espléndida estructura.

¿Sabías que la madera también se recicla?

La madera que no ha sido sometida a tratamiento químico (como cajas o cajones) se recicla para hacer palés, por ejemplo. También puede utilizarse como combustible o incluso como compost para enriquecer el suelo cultivado.

SANDAL made of Ash.
Fraxinus excelsior, L.
Worn by those who carry heavy
weights up the mountains.
LUCERNE.
Dr. Alexander Prior

Nutcracker made of Yew
- the wood of *Taxus baccata* L.
Switzerland
Mrs J.D. Hooker

VASE of BARK of
"PAPER BIRCH"
Betula papyrifera Marsh.
Made by the Saskatchewan Indians,
N. America.
1859.   *M. Bourgeau.*

Cómprame unos zapatos... ¡de madera!

Durante mucho tiempo, antes de la llegada del petróleo, la madera
era el principal material utilizado para **fabricar un montón de cosas:**
recipientes, juguetes, utensilios de cocina, zuecos e incluso... ¡zapatos!
No debe de ser fácil encestar con suelas de madera, ¿verdad?

De izquierda a derecha y de arriba abajo:
- Cuencos de cerezo
- Sandalias de fresno
- Cepillos de haya
- Cascanueces de tejo
- Juguetes de picea
- Plato y vaso de corteza de abedul

Los toneles

Los barriles de madera fueron un gran invento de los galos. Antiguamente, los líquidos se almacenaban en **ánforas** o **tinajas** de barro. Los barriles, en cambio, se pueden rodar, son superherméticos y sólidos, y no hacen falta clavos ni pegamento para fabricarlos. Incluso hoy, Francia es el primer productor mundial de barriles.

Existen enormes toneles con capacidad para varios miles de litros. En la Exposición Universal de París de 1889, había dos atracciones principales: la Torre Eiffel y... ¡un enorme tonel tirado por 12 yuntas de bueyes!

Instrumentos musicales

Guitarra, violín, oboe, clarinete, arpa, xilófono: la madera se utiliza para fabricar instrumentos de cuerda, viento y percusión. Cada instrumento suele ser una mezcla de varias maderas, elegidas por **la sonoridad** que ofrecen.

¡Qué bonito!

Aunque la fabricación de **muebles** de madera era bastante básica en la Edad Media, con el tiempo se fue refinando. La **marquetería**, técnica de decoración de la madera originaria de la Antigüedad, fue redescubierta por los italianos en el siglo XIV. Muchas de estas decoraciones se emplearon en paredes y muebles desde el siglo XVII hasta principios del XX. En su última etapa fue muy apreciada por los artistas modernistas y del *art déco*.

¿El papel viene de los árboles?

Sí, el papel en el que escribes, las páginas del libro que hojeas, así como los periódicos, envases, toallas y pañuelos de papel y muchas cosas más. La mayor parte del papel que utilizas **procede de los árboles**. Pero no siempre fue así: en el pasado, el papel se fabricaba con… ¡**trapos** viejos!

Made in China

Los chinos fueron los primeros que pensaron en mezclar plantas como el cáñamo y el lino con corteza de morera para formar una **pasta**, origen del papel. El papel se convirtió en el **soporte ideal para la escritura**. El texto escrito más antiguo en este soporte data del año 8 a. C.; lleva la inscripción de una veintena de signos… ¡chinos, por supuesto! Pero también se han encontrado en China restos de papel sin escritura más antiguos: datan de hace más de 1.000 años.

¿Y antes del papel?
Se escribía en **tablillas de arcilla** o en **pergamino**. Los egipcios lo hacían sobre **papiro**, una planta que crece a las orillas del Nilo.

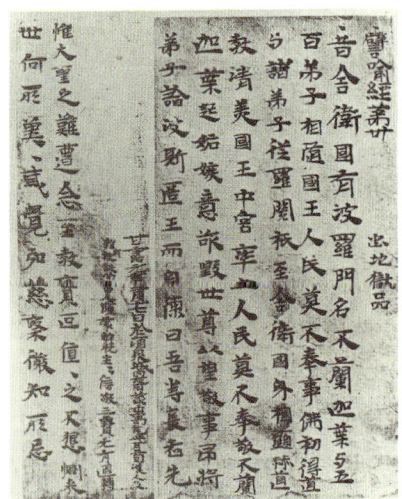

Durante mucho tiempo, el papel solo se fabricó en China: en el año 770, los chinos llegaron a **imprimir el primer libro** en papel (hecho de cáñamo, una de las plantas cultivadas más antiguas del mundo). El uso del papel se extendió después a Oriente Próximo y, finalmente, a Europa, hacia el siglo XII.

¡Alta calidad!

Hasta finales del siglo XIX, el **cáñamo** fue la principal materia prima del papel, gracias a sus excelentes propiedades (es resistente y no amarillea). Hoy en día, se sigue utilizando para fabricar papel de alta calidad, **billetes de banco, papel de fumar y libros religiosos**: ¡la **primera Biblia impresa** por **Gutenberg** en 1455 utilizó este papel de cáñamo!

Papel de trapos

Además del cáñamo y la corteza de árbol, antiguamente se utilizaban otras plantas como el **lino**, pero sobre todo se empleaban **trapos** e incluso **cuerdas viejas** y **velas de barco**: de hecho, cualquier cosa que tuviera fibras vegetales. Así que los **traperos** desempeñaban un papel muy importante. Sin embargo, con el desarrollo de la imprenta, aumentó la necesidad de papel y no quedaban suficientes trapos. Así que hubo que buscar otra cosa...

La madera sustituye a los trapos

La primera persona a la que se le ocurrió la idea de fabricar papel con madera fue un naturalista que observó cómo las **avispas** construían sus nidos. Corría el año 1719. Pero no fue hasta cien años más tarde cuando se descubrió que la madera contenía una sustancia blanca y fibrosa llamada **celulosa**, con la que se podía fabricar papel superresistente.
¡Se acabaron los trapos! La madera se convirtió en el material básico y se inventaron grandes máquinas para fabricar papel.

De la madera al papel

El origen del papel es la pasta o pulpa de madera. Hay dos formas de fabricar pulpa:

Pasta mecánica: triturar con agua
A los grandes troncos de madera se les quita la corteza y luego se **trituran** con agua mediante grandes piedras de molino. Esto produce una pasta **amarillenta** (debido a la lignina, una sustancia presente en la madera).

Pasta química: calentamiento con un producto químico
Las astillas de madera se colocan en una especie de gran **lavadora.** El objetivo es disolverlas al calor con una **solución química.** Esta pasta es más **blanca** y el papel fabricado con ella es más resistente que la pasta mecánica.

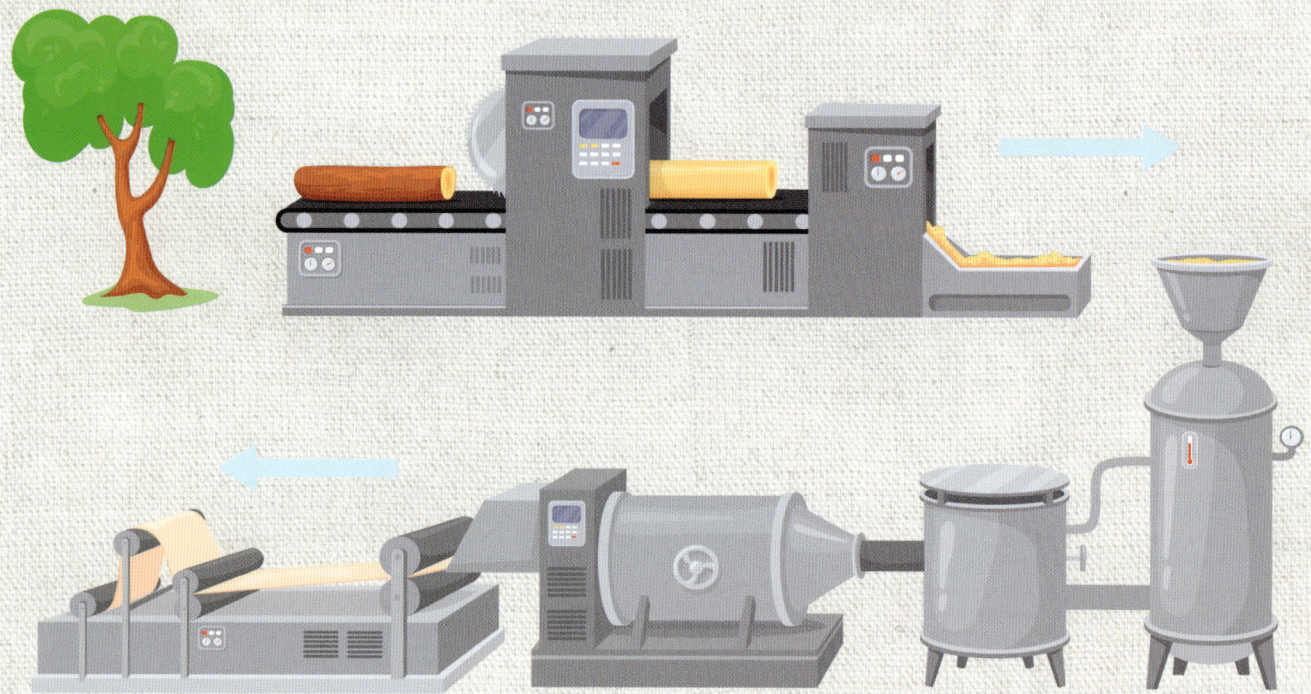

Lavado
Tanto después de un proceso mecánico como de uno químico, la pasta de papel se **limpia** después en una depuradora: se eliminan los restos de madera y se **blanquea** la pasta.

Una pasta lisa
La pasta **se extiende sobre una superficie especial**, luego se **escurre** y se **seca** pasándola entre varios cilindros grandes. Por último, el papel se trata para darle su aspecto: **mate o satinado**, por ejemplo.

Se acabó talar el bosque

Durante mucho tiempo, las fábricas donde se fabricaba el papel eran muy **contaminantes.** Hoy en día, tienen que seguir **normas muy estrictas** para proteger el medio ambiente (al menos en Europa). Además, ya no talamos bosques para fabricar pasta de papel, pues esta se fabrica a partir de **trozos de madera** procedentes de operaciones de mantenimiento forestal.

¡Alucina!

¿Te ha olido alguna vez a huevos **podridos** al pasar por una fábrica de papel? Es el olor que desprende el proceso, y aunque es asqueroso, ¡no es tóxico!

Este logotipo es una etiqueta que certifica que la madera se ha talado respetando el medio ambiente y a las personas que viven o trabajan en los bosques.

¿Tantos dichos nos han dado los árboles?

¿Conoces estas expresiones que vienen del mundo de la madera?

Hay que sacudir el árbol para recoger las nueces: no se puede conseguir algo sin esforzarse.

No da palo al agua quien no trabaja.

Vendar una pierna de madera: una acción completamente inútil.

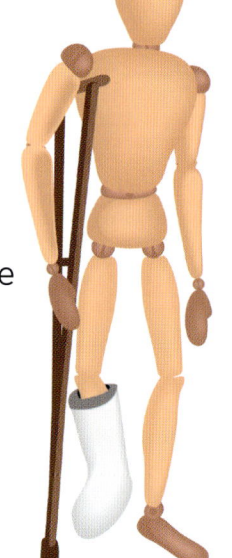

Poner palos en las ruedas: impedir que otro alcance un objetivo.

Cabeza de alcornoque: persona despistada.

Cheque de madera: un cheque que no se puede cobrar porque no hay dinero en la cuenta.

Hacer leña del árbol caído: cuando alguien deja de ser poderoso, todos lo critican.

Madera de campeón:
persona que triunfa.

De tal palo, tal astilla:
se refiere a los hijos que se parecen a sus padres.

Lengua de madera:
utilización de un lenguaje vago, impreciso o engañoso para desviar la atención de los asuntos verdaderamente importantes.

Arrimarse al árbol que más sombra da: juntarse con personas influyentes.

No ser de madera:
¡somos personas sensibles!

Tocar madera:
es una superstición. Cuando se quiere tener suerte, se toca madera.

En casa del herrero, cuchillo de palo:
donde se espera que haya algo, justamente falta.

Fuerte como un roble:
tener muy buena salud.

Bendita sea la rama que al tronco sale, morena salada, que al tronco sale...

El hambre hace que el lobo salga del bosque:
hacemos las cosas cuando nos vemos necesitados.

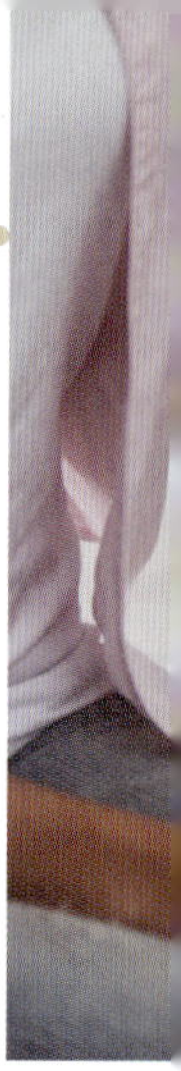

¿Nos puede curar un árbol?

Como muchas otras plantas, los árboles tienen verdaderos poderes curativos. Más de **3 de cada 10 medicamentos** que se venden en farmacias contienen sustancias vegetales. En muchas partes del mundo, los seres humanos tratan sus dolencias utilizando plantas, que a veces recogen ellos mismos de su entorno.

La karaya para ir al baño

Este árbol, originario de la India y Sri Lanka, produce la **goma karaya**, que se utiliza para tratar el estreñimiento.

Ginkgo biloba para estimular la sangre

Cura los trastornos de la **circulación sanguínea** que causan hormigueo en los dedos. También se utiliza para estimular la **memoria**.

El alcanforero para obtener aceite de alcanfor

se utiliza en Europa desde el siglo XII. Se aplica dando un masaje después de hacer deporte. En particular, ayuda a la **recuperación muscular**.

Olivo para la digestión

Seguro que has oído hablar de la gran reputación del aceite de oliva. En la cocina mediterránea tiene fama de ser excelente para la salud: ¡es estupendo para la digestión e ideal para el corazón!

Algarrobo para la tos

Las semillas de algarroba se utilizan para tratar la tos. Las hojas y la corteza contienen un aceite esencial con el que se trata los resfriados y la bronquitis.

Clavo de olor para el dolor de muelas

Se utiliza desde tiempos inmemoriales para aliviar el **dolor de muelas** y como **desinfectante** en enjuagues bucales.

Desde molestias hasta enfermedades

Hasta la fecha, se han descrito un total de ¡**28.187 plantas medicinales**! Los medicamentos derivados de las plantas pueden utilizarse para aliviar problemas de salud menores. Pero también pueden utilizarse para combatir **enfermedades graves** como la malaria, la diabetes y… el cáncer. Tres cuartas partes de los tratamientos contra el cáncer contienen sustancias vegetales.

Granado para las aftas

Se ha utilizado para tratar **llagas bucales**, aftas e irritación de las encías ¡durante casi 2.000 años!

Árbol del té para el acné

Este aceite esencial es perfecto para tratar la **piel con imperfecciones**: desinfecta y reduce los granos del acné. También protege contra los piojos.

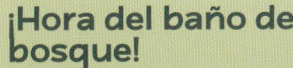

¡Hora del baño de bosque!

En **Japón**, es práctica común darse **baños de bosque** para sentirse mejor. Los japoneses creen que rodearse de árboles durante 2 horas **reduce el estrés, la ansiedad y la fatiga**, ayuda a dormir mejor y refuerza el **sistema inmunitario**: ¡hay **62 bosques terapéuticos** certificados en Japón!

Higuera contra las verrugas

El **látex** (es decir, el jugo blanco) que puede extraerse de las **hojas de higuera** solía aplicarse directamente sobre las **verrugas**.

¿Pueden convertirse los árboles en casas **?**

¿Quién no ha soñado con vivir algún día en lo alto de un árbol? En los últimos años, vivir más cerca de la **naturaleza** atrae cada vez a más personas. Una casa en un árbol encaja a la perfección con la idea de vivir en armonía con el medio ambiente, **¡con escaso consumo de agua y electricidad!**

Permiso

Por supuesto, no puedes construir una casa en un árbol en cualquier sitio y de cualquier manera, porque tienes que tener cuidado de **no dañar los árboles**. Consulta en tu ayuntamiento. En algunos lugares, para construir una casa en un árbol necesitas un permiso, a menos que se trate de un pequeño refugio.

Atención, zona protegida

En las zonas naturales protegidas se necesita permiso, porque incluso una pequeña cabaña **puede cambiar el paisaje y perturbar la flora y la fauna.** En algunas zonas de montaña, por ejemplo, está prohibido construir a menos de 300 metros de un lago.

Para las vacaciones

Es difícil saber cuántas personas viven en una cabaña todo el año: suelen ser residencias temporales o lugares donde pueden alojarse los veraneantes. En algunos lugares **se alquilan** en pueblos de vacaciones, *campings,* bosques o casas particulares.

Precauciones antes de construir

Antes de construir una casa en un árbol, hay que examinar el árbol para **comprobar su salud y solidez:** asegurarse de que no tiene heridas, de que el tronco no suena hueco (podría haber un agujero en el interior, causado por una enfermedad o un hongo, por ejemplo) y de que el árbol está en buenas condiciones.

El explorador **Jean-Louis Étienne** construyó su propia casa del árbol. Fue el primer hombre en alcanzar el Polo Norte en solitario tras caminar durante más de 60 días en 1986.

¡Alucina!

La cabaña Nido de Águila, en Normandía, es la más alta de Europa: ¡**22 metros de altura**! Puedes llegar a esta diminuta vivienda de 6 metros cuadrados, compuesta por un dormitorio y una miniterraza a través de un larguísimo **puente de cuerdas**. Evítalo si tienes miedo a las alturas… Afortunadamente, no tienes que volver a bajar para ir al lavabo: hay un inodoro, ¡menos mal!

En general, la plataforma se instala en el primer tercio de la altura total del árbol.

¿Qué tipo de árbol es el más adecuado?

Necesitas un árbol bastante **viejo** (de 20 a 100 años) con un **tronco sólido** y **raíces profundas** para resistir vientos fuertes. Las especies más adecuadas son las **coníferas**, como el pino, el abeto, la pícea o el cedro, y **frondosas**, como el roble, el haya y el fresno.

¿Qué hacer para no dañar al árbol?

Para no hacerle daño el árbol al impedir que la savia circule adecuadamente, puedes construir la plataforma de la casa del árbol **sobre pilotes** o colocarla sobre puntales.

Estos se fijan directamente al tronco con un **tornillo** grande de metal. El árbol cicatrizará alrededor de este tornillo, que se habrá desinfectado bien de antemano.

¿Tienen agua y electricidad las cabañas?

Para suministrar agua y electricidad a una cabaña, hay que crear una red enterrada en el suelo entre un punto de suministro y la plataforma de la cabaña.

A veces se necesita una bomba para garantizar que haya suficiente **presión de agua** en la cabaña si está muy alta. La cabaña también puede ser **autosuficiente**: generar su propia energía a partir del sol y el viento, y el agua de lluvia puede recogerse para reutilizarla.

La cabaña más grande del mundo

En Tennessee (Estados Unidos), Horace Burgess pasó 14 años construyendo una **casa de madera de 8 pisos sobre 7 robles.** En aquella época, su «cabaña» tenía unos 900 metros cuadrados y casi 30 metros de altura. La idea era que fuera una iglesia, porque Horace decía que la había construido por orden de Dios. Sin embargo, fue destruida en 2019 por un **incendio** en solo 15 minutos.

¡CUCÚ!

CABAÑAS

Una cabaña redonda hecha de ramas, como un nido con techo.

Derecha:
¿Podría ser esta la casa en el bosque de Baba Yaga, la bruja de los cuentos de hadas rusos?

Página siguiente: Ramas para el tejado, tablones para las paredes... ¡Bien protegida del agua!

Vieja cabaña de
bruja a la orilla
del bosque.

Este árbol-tipi
es perfecto para
camuflarse en
el bosque en
otoño.

Esta gigantesca cabaña está tan bien enterrada
que un gran árbol ha crecido sobre ella.

La vieja casa del bosque parece haber crecido al
mismo ritmo que los árboles que la rodean...

Abajo, izquierda: No hay nada como una cabaña de
madera en cuanto a solidez y aislamiento.

Abajo, derecha: Una cabaña encaramada
con vistas al bosque...

¡Cabaña de lujo!

Página anterior: Esta puerta puede ser mágica, abriéndose al mundo de los elfos o las hadas.

Bienvenido a este castillo fortificado, encaramado en las copas de los árboles y por tanto inexpugnable.

¿Son útiles los árboles para los agricultores?

Cultivando o criando animales al abrigo de los árboles, vemos que una pequeña parcela de tierra puede dar mucho a los agricultores: esta práctica se llama agrosilvicultura. La **agrosilvicultura** es una práctica muy antigua, que se remonta al siglo XII en Indonesia (Asia). Se cultivan frutas, verduras y café en bosques naturales. Cuando hay demasiada sombra, se corta un tronco y se utiliza como combustible. Es muy práctico.

Cultivar al abrigo de los árboles permite:

Limitar las necesidades de agua

Con sus extensas **raíces**, los árboles captan el agua e impiden que se pierda hacia las profundidades. Así, el agua atrapada en las **capas subterráneas** cerca de la superficie queda a disposición de los agricultores. El follaje de los árboles proyecta su sombra en el suelo, que permanece más húmedo, y esta sombra protege los cultivos de la luz solar directa.

Mejorar la calidad del agua

Al filtrar el agua las raíces de los árboles evitan que determinadas **sustancias químicas** contenidas en los **abonos** utilizados por los agricultores (como los nitratos) **contaminen** las aguas subterráneas. También impiden que los minerales del suelo sean arrastrados, lo que lo agotaría.

Mejorar la calidad del suelo

Las hojas de los árboles y todas las ramas pequeñas que caen al suelo se descomponen formando un rico humus: en total casi la mitad de la masa de **materia vegetal** producida por un árbol vuelve al suelo. De este modo, el suelo se enriquece y hay menos necesidad de tener que usar fertilizantes.

El retorno de los árboles

En el siglo XX, con la aparición de la maquinaria agrícola, se eliminaron los setos y los árboles que bordeaban los cultivos: era más práctico para tener grandes campos de un mismo cultivo, especialmente para dejar libre el paso de tractores. Después nos dimos cuenta de que esto podría causar algunos problemas. Finalmente, en ciertos lugares se están redescubriendo las ventajas de la **antigua forma de hacer las cosas**, como la agrosilvicultura.

Un experimento exitoso

Unos agrónomos llevaron a cabo un experimento **agroforestal**: demostraron que una parcela de 100 hectáreas de trigo cultivada bajo **nogales** podía producir tanto como una de 135 hectáreas sin arbolado. ¡Bingo!

Para proteger la biodiversidad

Los árboles son el hogar de hongos, bacterias y multitud de animales: aves, reptiles y mamíferos. Proporcionan **néctar** y **polen** esenciales para los insectos, que son los primeros eslabones de una **gran cadena alimentaria**.

Captura de CO_2

Para combatir el calentamiento global necesitamos atrapar la mayor cantidad posible de CO_2. Los árboles son supereficaces en esta función. Así que si producimos alimentos a la vez que luchamos contra el calentamiento global, ¡es una solución dos en uno!

¿Los árboles de la ciudad son como el aire acondicionado?

En el centro de las ciudades hace entre 3 y 5 °C más que en el campo porque **los edificios, las calles y las carreteras atrapan el calor** y lo reflejan, calentando el aire ambiente. Además, el intenso tráfico y la ausencia de viento contribuyen a elevar la temperatura.

Islas de calor

Debido a los edificios y a la falta de vegetación, se sabe que algunas zonas son más calurosas que otras: son las llamadas **islas de calor urbano**. Son especialmente preocupantes sobre todo con el **cambio climático**: una de las soluciones para refrescarlas es **plantar vegetación** en estas zonas, sobre todo árboles.

Frágiles

Por desgracia, los árboles urbanos también son más **frágiles**: crecen en **suelos pobres y poco profundos**, entre redes de agua y eléctricas. Tienen falta de agua y son víctimas del fenómeno de reverberación del calor. También se **podan** más a menudo porque la caída de las ramas puede causar daños a las personas o los edificios.

Transpirar para refrescarse

Los árboles que **refrescan** eficazmente su entorno son los que no necesitan mucha agua. De hecho, para desempeñar su papel de enfriamiento de la temperatura, los árboles **transpiran:** es esta evaporación la que hace bajar la temperatura.

En periodos de sequía y calor extremo, el agua escasea, por lo que algunas especies que necesitan mucha agua tienen dificultades para desempeñar su papel de regulación de la temperatura. Y como sus hojas siguen captando los rayos del sol, si no transpiran, es un fracaso: ¡el árbol **redistribuye el calor a su alrededor!** Por esta razón, no todas las especies de árboles son ideales para la ciudad.

¡Alucina!

Los científicos han descubierto que el calor de las ciudades potencia el crecimiento de los árboles: un estudio de 1.400 árboles en varias de las principales ciudades del mundo muestra que, al cabo de 50 años, son mucho **más altos** que los ejemplares silvestres.

Los árboles luchan contra el calentamiento

Los árboles tienen el increíble poder de **capturar la contaminación** emitida por los transportes y por las calefacciones de los edificios: **partículas finas,** pero también CO_2, **dióxido de carbono,** principal gas de efecto invernadero, responsable del cambio climático. Según las especies, los árboles captan y absorben (o fijan) más o menos carbono. Se ha llegado a medir, por ejemplo, que un plátano fija casi 7 veces más carbono que un tilo.

Bosque de bolsillo

Para contribuir a que las ciudades sean más verdes, Akira Miyawaki, un botánico japonés, ha desarrollado la idea de plantar **minibosques urbanos:** en una pequeña superficie (a partir de 100 metros cuadrados), se reproduce un verdadero bosque. La idea es conseguir que una treintena de especies convivan y se beneficien mutuamente. **Cada una desempeña un papel a su nivel:** en el suelo, a media altura o en lo alto (el dosel).

Aunque al principio hay que cuidarlo, el objetivo es que el bosque se desarrolle por sí solo en **unos veinte años.** La «receta» de Akira Miyawaki se ha extendido por todo el mundo, y mucha gente ya ha empezado a trabajar... Los resultados del experimento se conocerán dentro de unos años.

¿Para qué sirven los árboles de la ciudad?

Se ha demostrado que una ciudad verde con muchos árboles mejora la vida y la salud de sus habitantes. Esto es importante, porque imagina: ¡6 de cada 10 personas en el mundo viven en ciudades!

Cuanto más te acercas al centro de la ciudad, más calor hace: esta curva muestra los diferentes niveles de temperatura entre las afueras y el centro de la ciudad.

Filtro de aire
Cuantas más hojas tiene un árbol, más eficaz es para **frenar la contaminación**. Algunos son auténticos campeones, como el arce real.

Pantalla de privacidad
El follaje de los árboles es como una **cortina** que te protege de la vista de tus vecinos.

Afueras

Periferia

Centro de la ciudad

Contra inundaciones
Con sus **raíces**, los árboles ayudan al agua de lluvia a **penetrar** en el suelo, lo que evita inundaciones.

Temperatura
La sombra de un árbol puede reducir la temperatura del suelo y del aire, así como la de los edificios circundantes.

Corredor verde

Los árboles crean un **corredor de biodiversidad**: en otras palabras, cuando bordean una calle o un paseo, los árboles **forman un vínculo** entre los distintos espacios verdes de la ciudad, ya sean jardines privados, parques o terrenos baldíos. Forman parte de esta **gran red verde**, propicia para la supervivencia de las especies.

Refugio para animales

Ardillas, murciélagos, abejas, gorriones: los árboles son el hábitat de muchos animales. Las aves los utilizan para anidar y alimentarse. También son una valiosa fuente de alimento para los insectos, que recolectan polen y néctar. Estos mismos insectos también ayudan a los árboles a reproducirse (ver p. 14).

Climatizador

Los árboles son grandes **acondicionadores** de aire: al vaporizar 400 litros de agua, consumen calor. La **sombra** de un árbol puede reducir la temperatura del suelo y del aire, e incluso la de los edificios.

Abrigo para los animales

Cuantos más árboles haya en la ciudad, más variados serán los animales y habrá mayor biodiversidad: los árboles sirven de **refugio** a multitud de especies animales.

Relajante

La vista de los árboles puede ser relajante. **Calma** el ánimo y ayuda a encontrar la inspiración... ¡para escribir una canción, por ejemplo!

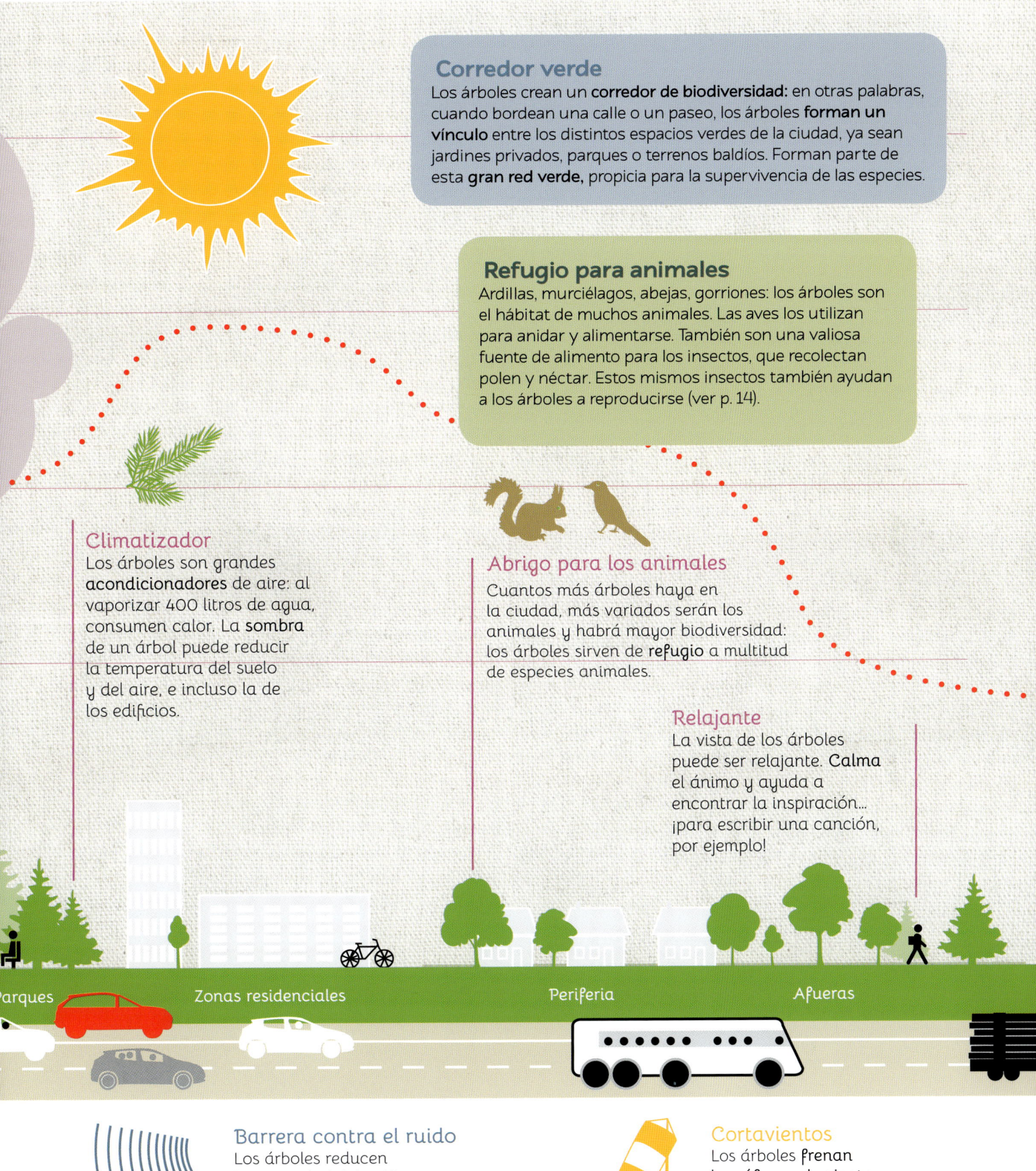

Parques   Zonas residenciales   Periferia   Afueras

Barrera contra el ruido

Los árboles reducen la intensidad del **ruido del tráfico**.

Cortavientos

Los árboles **frenan las ráfagas de viento** y reducen el fenómeno de los **remolinos de polvo** durante las tormentas.

¿Podríamos vivir sin árboles?

Sería imposible vivir sin árboles. Son esenciales para la vida en la Tierra.

Los árboles purifican la atmósfera, absorbiendo dióxido de carbono y liberando oxígeno: actúan como una especie de **depuradora natural** del aire.

Los árboles contribuyen a **reducir los efectos del calentamiento global:** capturan y almacenan dióxido de carbono, uno de los principales gases responsables del efecto invernadero.

Por tanto, los árboles desempeñan un papel en la **regulación del clima:** son el segundo mayor **sumidero de carbono** después de los océanos.

Alrededor de
1.600 millones de personas, dependen de los recursos forestales para sobrevivir.

Los árboles son un **activo para la biodiversidad:** los bosques albergan el 75 % de la biodiversidad mundial (dos tercios de la cual se concentran en los bosques tropicales).

Los bosques son el hábitat del 80 % de las especies de anfibios, el 75 % de las especies de aves y el 68 % de las especies de mamíferos.

Árboles, proveedores oficiales de agua potable

Tres cuartas partes del agua potable del mundo proceden de **zonas boscosas** alrededor de un río o fuente de agua y sus afluentes.

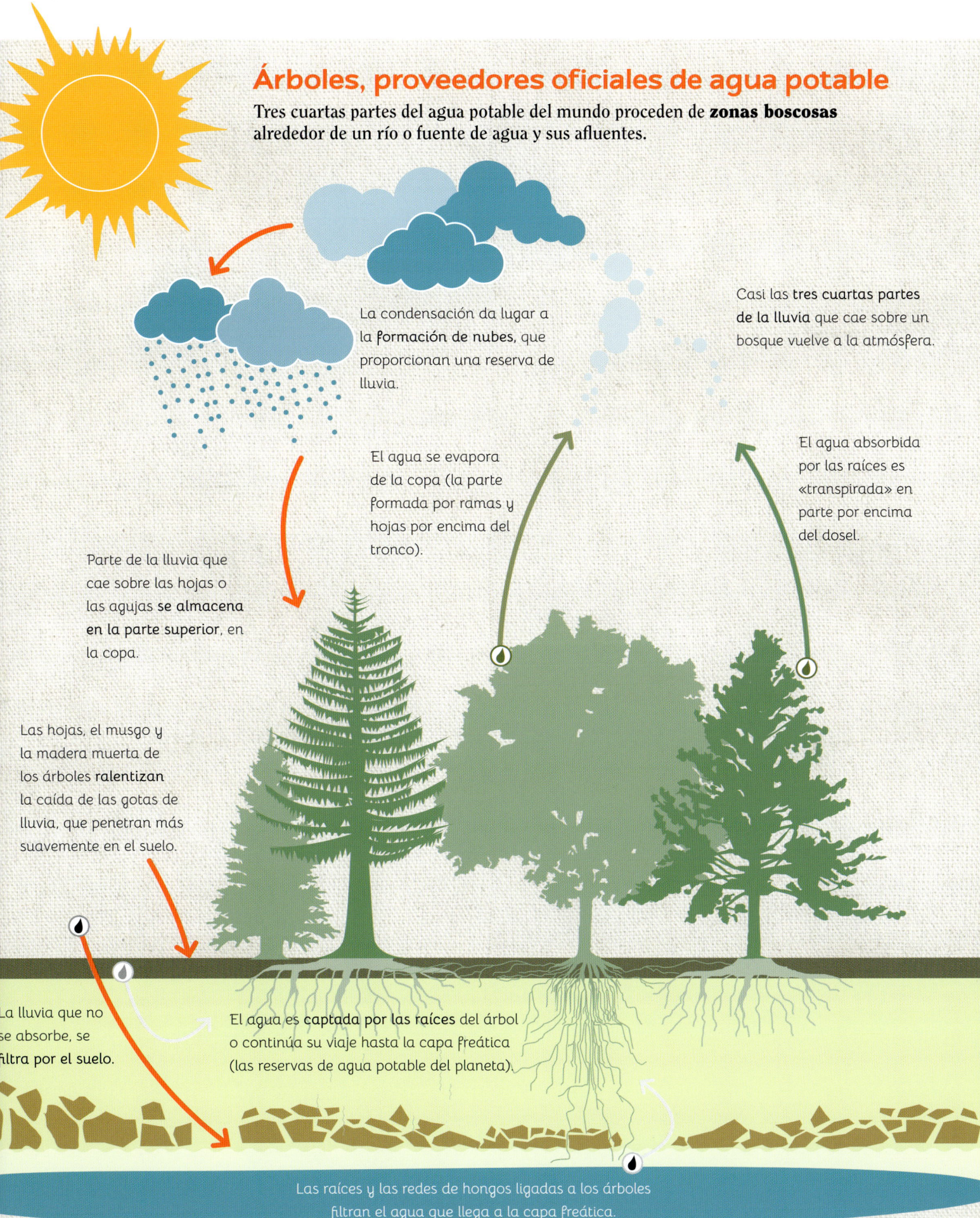

La condensación da lugar a la **formación de nubes,** que proporcionan una reserva de lluvia.

Casi las **tres cuartas partes de la lluvia** que cae sobre un bosque vuelve a la atmósfera.

El agua se evapora de la copa (la parte formada por ramas y hojas por encima del tronco).

El agua absorbida por las raíces es «transpirada» en parte por encima del dosel.

Parte de la lluvia que cae sobre las hojas o las agujas **se almacena en la parte superior,** en la copa.

Las hojas, el musgo y la madera muerta de los árboles **ralentizan** la caída de las gotas de lluvia, que penetran más suavemente en el suelo.

La lluvia que no se absorbe, se **filtra por el suelo.**

El agua es **captada por las raíces** del árbol o continúa su viaje hasta la capa freática (las reservas de agua potable del planeta).

Las raíces y las redes de hongos ligadas a los árboles filtran el agua que llega a la capa freática.

¿Los bosques están bien?

Desde hace más de cien años, enormes extensiones de bosque han sido destruidas, principalmente para ganar **tierras de cultivo,** pero también en explotaciones forestales para obtener leña para calentarse, madera para muebles, papel…

Sin embargo, en algunas partes del mundo se han replantado más árboles de los que se han talado: es el caso de **China, Australia y Chile**. El problema es que nada puede sustituir la riqueza de un bosque primario.

1 Brasil

Chile

4

22 %
de los bosques primarios del mundo están protegidos hoy en día… ¡tendríamos que proteger muchos más!

¿Qué es un bosque primario?
Los bosques primarios son **aquellos que nunca han sido explotados por el hombre**. Es el caso de los **bosques tropicales**, que desempeñan un papel fundamental en el planeta porque albergan una biodiversidad increíble. Como la mayoría de los árboles conservan sus hojas, «trabajan» todo el año para capturar CO_2. Por eso desempeñan un papel esencial para limitar el calentamiento global. Los bosques que se denominan **secundarios** han sido talados, podados y urbanizados. Para pasar de un bosque secundario a un bosque primario, ¡habría que dejarlos intactos durante 7 siglos!

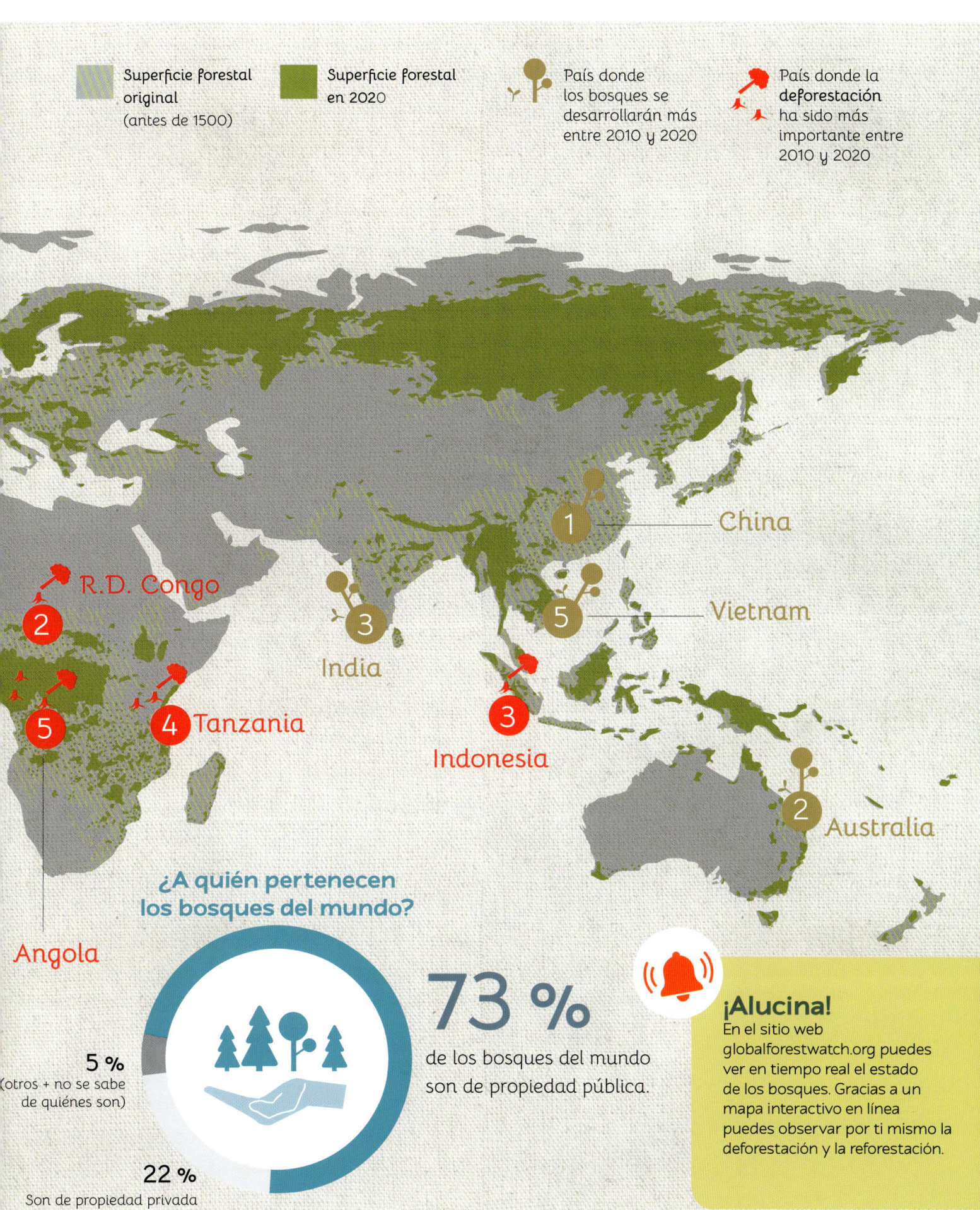

Superficie forestal original (antes de 1500)

Superficie forestal en 2020

País donde los bosques se desarrollarán más entre 2010 y 2020

País donde la **deforestación** ha sido más importante entre 2010 y 2020

China

R.D. Congo

2

Vietnam

3
India

5

5

4 Tanzania

3
Indonesia

2
Australia

Angola

¿A quién pertenecen los bosques del mundo?

73 %
de los bosques del mundo son de propiedad pública.

5 %
(otros + no se sabe de quiénes son)

22 %
Son de propiedad privada

¡Alucina!
En el sitio web globalforestwatch.org puedes ver en tiempo real el estado de los bosques. Gracias a un mapa interactivo en línea puedes observar por ti mismo la deforestación y la reforestación.

¿Dónde están los bosques más amenazados del planeta ?

Causas de deforestación

Construcción de hidroeléctricas (que producen electricidad a partir del agua)

Construcción de carreteras

Extracción de materias primas (oro, plata, cobalto, etc.) de las minas

Incendios

Carbón

Ganadería

Agricultura industrial (grandes explotaciones con fines comerciales)

Pequeños agricultores

Explotación forestal (sin replantar árboles en su lugar)

Producción de papel y cartón

Cuenca amazónica, 23-48 M ha

1

4

7

Gran Chaco, Paraguay Argentina, 10 M ha

Cerrado, Brasil, 15 M ha

¿Qué es la deforestación?

Cuando hablamos de deforestación permanente, nos referimos a que el bosque no tiene ninguna posibilidad de volver a crecer después. La mayoría de las veces, se tala para liberar tierras para la agricultura o la minería, a fin de extraer materias primas, como el oro en el Amazonas (¡utilizado para los circuitos de nuestros móviles!).

La deforestación temporal se produce cuando el bosque puede volver a crecer, como ocurre después de un incendio o cuando un agricultor tala un pequeño terreno para cultivar un campo que abandona al cabo de unos años.

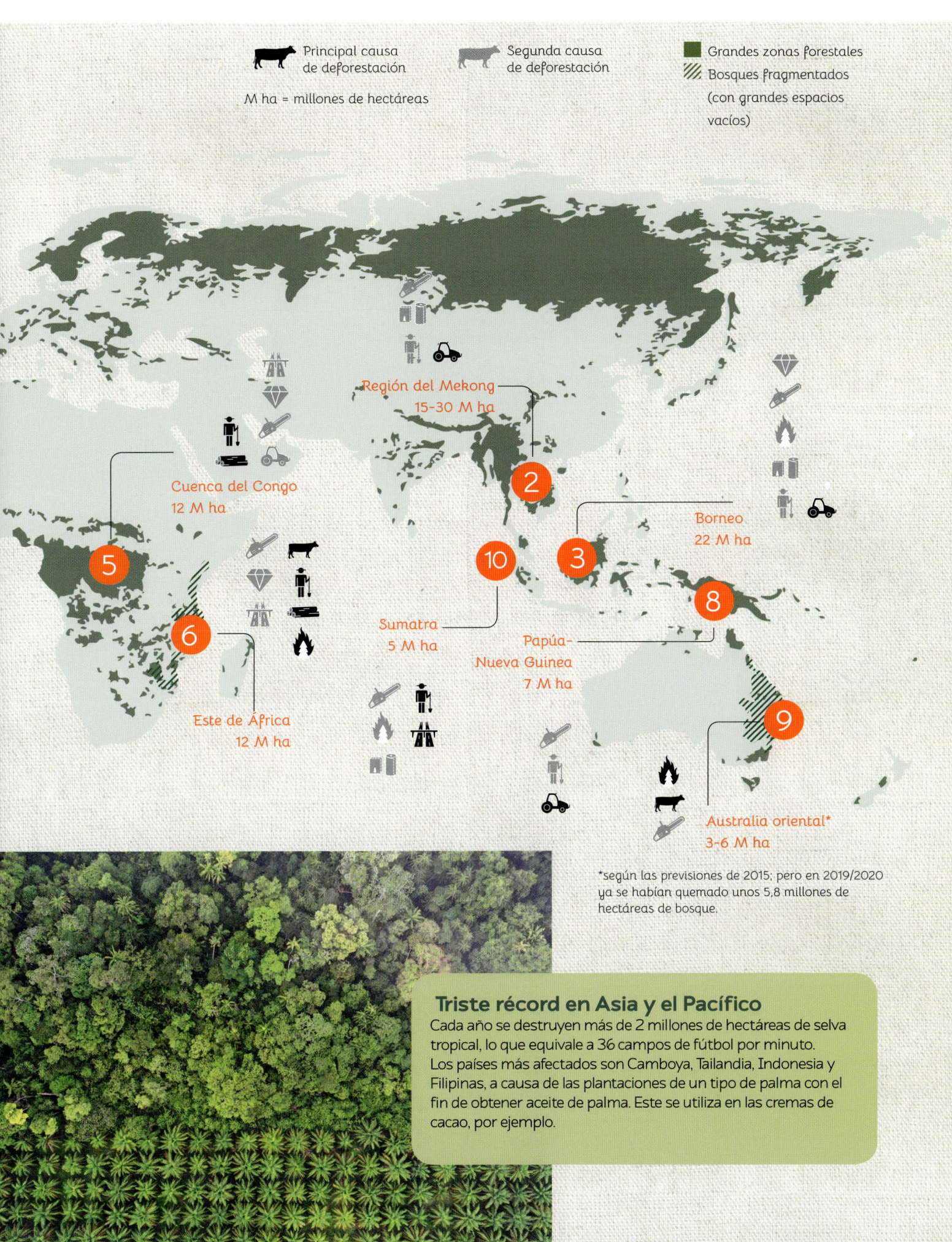

Principal causa de deforestación

Segunda causa de deforestación

M ha = millones de hectáreas

Grandes zonas forestales

Bosques fragmentados (con grandes espacios vacíos)

Región del Mekong
15-30 M ha

Cuenca del Congo
12 M ha

Borneo
22 M ha

Sumatra
5 M ha

Papúa-Nueva Guinea
7 M ha

Este de África
12 M ha

Australia oriental*
3-6 M ha

*según las previsiones de 2015; pero en 2019/2020 ya se habían quemado unos 5,8 millones de hectáreas de bosque.

Triste récord en Asia y el Pacífico

Cada año se destruyen más de 2 millones de hectáreas de selva tropical, lo que equivale a 36 campos de fútbol por minuto. Los países más afectados son Camboya, Tailandia, Indonesia y Filipinas, a causa de las plantaciones de un tipo de palma con el fin de obtener aceite de palma. Este se utiliza en las cremas de cacao, por ejemplo.

¿Cuáles son las principales amenazas para el bosque?

La agricultura es una de las principales causas de deforestación, pero también se talan árboles para **calefacción**, construcción de **casas, muebles, decoración y papel.**

¡La mitad del bosque se va en humo!

La mayor parte de la madera se **quema** en África y Asia para fabricar **carbón vegetal**, que luego se utiliza para calefacción, cocina, funcionamiento de fábricas, etc.
En Tanzania (África), por ejemplo, se talan enormes extensiones de madera para secar tabaco o producir cerveza.

Embalajes y papel higiénico

Cada año, el mundo necesita más **papel y cartón,** sobre todo desde la pandemia de Covid-19, cuando adquirimos el hábito de consumir alimentos envasados que nos llevamos o que nos entregan a domicilio. Igualmente el consumo de **papel higiénico** también crece cada año a nivel mundial.

El tráfico de madera, una de las principales causas de desaparición de los bosques

Los bosques son el objetivo de los **traficantes,** que multiplican los trucos que utilizan para obtener lo que quieren: Por ejemplo, crean **autorizaciones falsas** para explotar el bosque o transportar la madera. Por este motivo, los países más pobres del mundo pierden una enorme cantidad de dinero que sería útil para su desarrollo y su población.

El atractivo de las maderas exóticas

El **palisandro** es una madera preciosa que se utiliza para fabricar muebles de lujo. Tras agotar sus reservas en la isla de **Madagascar, China** se dirige ahora a **África Occidental,** de donde llegan en barco cientos de miles de toneladas de palisandro al año. Sin embargo, la tala de esta especie está **prohibida.**

Asesinatos y corrupción

Aunque muchos de los bosques del mundo están **protegidos,** los «piratas de la madera» triunfan con sus **métodos violentos:** intimidación, chantaje, asesinato de pequeños propietarios, periodistas o miembros de organizaciones que protegen el medio ambiente. Y como el comercio de la madera genera dinero, reina la **corrupción,** a veces incluso entre los encargados de proteger el bosque.

La **caoba** es una de las especies más explotadas de la Amazonia. Desde la década de 1950, se estima que las **reservas de caoba se han reducido en un 70 %.** Y, sin embargo, ¡es una especie protegida!

La deforestación tiene numerosas consecuencias:

> Las **poblaciones indígenas** pueden ser **expulsadas** de sus propias tierras. Algunos incluso han sido asesinados. Por ejemplo hoy solo quedan 3 indios akuntsus en el Amazonas porque su pueblo fue asesinado en la década de 1980;

> Las **raíces de los árboles ya no sujetan el suelo,** lo que favorece los corrimientos de tierra y las inundaciones en caso de fuertes lluvias;

> Muchas especies silvestres están **desapareciendo** y las que han perdido su hábitat se acercan a los humanos. Algunos animales pueden **transmitir virus.** En Bangladesh, en 2004, los murciélagos transmitieron un virus mortal a los humanos.

El **sándalo** se emplea en ceremonias funerarias en la India. También se usa para honrar a los dioses y los espíritus en China. Dondequiera que crezca esta madera, es **objeto de tráfico.**

¿Quién provoca los incendios?

¡**Las personas, principalmente!** Muy pocos incendios forestales son de origen natural. El gran problema es que en los últimos años, con el **calentamiento global,** el número de incendios ha aumentado. Algunos adquieren proporciones gigantescas y duran semanas, ¡incluso meses! Estos se conocen como megaincendios, como el de Australia en 2019-2020, Francia en el verano de 2022, Canadá en 2023 o Los Ángeles en 2025.

¡La mayoría de los incendios son provocados!

El 96 % de los incendios forestales del mundo son **provocados** por el hombre. De ellos, ¡casi el 40 % son intencionados! Imagínate: estos incendios han sido creados con **mala intención** (para causar daño, o por estupidez), o debido a un impulso irresistible que lleva a ciertos individuos a prender fuego. Estas personas, conocidas como **pirómanos,** sufren un trastorno del comportamiento que a menudo les lleva a repetir su acto, sin ni siquiera arrepentirse.

¡Cuidado con las imprudencias!

Los incendios forestales también son provocados por:

• **trabajos mal supervisados** cerca de los bosques;

• **barbacoas** mal controladas, colillas de **cigarros** tiradas por caminantes descuidados;

• **accidentes** de coche, líneas eléctricas de ferrocarriles o vertederos.

¡Alucina!

En 2017, tras un **megaincendio en el oeste de Canadá,** el humo atrapado en la atmósfera fue **visible en imágenes de satélite** durante 8 meses.

¿Por qué la sequía provoca incendios?

Cuando hay sequía, la humedad de las plantas se evapora. La más mínima chispa puede entonces prender ramitas y hierba seca, y el fuego puede extenderse a todo el bosque. **Cuando el fuego alcanza la copa**, se propaga rápidamente, sobre todo si además hay viento.

¿Son los incendios la causa o la consecuencia del calentamiento global?

Ambas cosas. Es un círculo vicioso: los incendios **se ven favorecidos por el cambio climático**, en particular por el aumento de los episodios de sequía y de vientos violentos. Al mismo tiempo, **contribuyen a calentar el clima**, modificando la atmósfera y el suelo, y destruyendo árboles.

El **4 %** de los incendios de bosques tienen un origen natural

Las principales causas naturales de los incendios son los **rayos** y las **tormentas secas** (también pueden ser provocados por una **erupción volcánica**, pero esto es más raro). Las tormentas secas se forman a gran altitud. Producen lluvia, pero esta se evapora antes de tocar el suelo. Estas tormentas provocaron enormes incendios en el Oeste americano entre 2004 y 2005.

Las consecuencias del fuego en el bosque son terribles

Solo los animales más grandes consiguen escapar, los más pequeños perecen. Se destruyen los nidos y los escondites. La vegetación se quema, el suelo queda dañado, cubierto de **ceniza** y con una **costra**, como un pastel horneado. Esta costra impide que el suelo absorba el agua. La lluvia se escurre por ella, y aumenta el riesgo de inundaciones.

Los humos del incendio contienen **partículas tóxicas** que se difunden por el aire y quedan atrapadas en las capas superiores de la atmósfera. Estos humos pueden ser peligrosos para la salud.

¿Un incendio puede ser algo bueno?

Durante millones de años, la Tierra ha sido modificada por los incendios. Pueden tener **ciertas ventajas**: se eliminan parásitos responsables de enfermedades y el bosque se renueva. Las especies vegetales dominantes desaparecen, dando una oportunidad a otras especies. El carbón vegetal ayuda a nutrir el suelo, pero solo con una condición: los incendios deben ser poco frecuentes, ¡porque un bosque tarda 25 años en reconstruirse!

¿Cómo podemos luchar?

• **Limpiando** periódicamente la maleza de los lugares arbolados.

• Instalando **torres de vigilancia** en regiones especialmente afectadas por los incendios. Su finalidad: detectar los brotes de un incendio para intervenir rápidamente.

• Y, por supuesto, hay que mantener **informada a la población**: más de la mitad de los incendios se desencadenan a causa de un descuido.

¿Cómo puedo proteger el bosque?

Como en cualquier otro lugar, en el bosque tienes **derechos y deberes.** Sobre todo, es importante recordar que en España el 67 % de los bosques pertenecen a **propietarios privados.** Así que hay algunas cosas que debes tener en cuenta antes de iniciar tu paseo, para no molestar a la naturaleza… ¡ni a los propietarios!

¡Alucina!
¡Está **prohibido recoger musgo, tierra, hojas muertas o piedras** sin autorización! Te pueden multar si lo haces.

¿De quién son estos frutos?
Setas, moras, avellanas: ¡todos los productos del bosque pertenecen al propietario! Así que, en teoría, debes **pedirle permiso** para llevarte lo que has recolectado a casa…

Por supuesto, tienes que respetar las vallas y señales como «prohibido recolectar» o «**propiedad privada**». En los bosques públicos, se suele permitir llevarse 5 kilos por persona (aproximadamente un cubo).

¿Y ESO PUEDO HACERLO?

La madera ordenada y bien alineada debe pertenecer a alguien: ¡no la cojas!

Migas de patatas fritas

Por supuesto, no se te ocurriría dejar tus cubos de **basura** en el bosque, pero a veces puede que dejes ciertas **sobras del pícnic**, como pan o grasa de jamón, porque crees que se descompondrán. De hecho, esto está prohibido, entre otras cosas porque esos residuos no son un alimento adecuado para la fauna que vive allí.

La madera en descomposición... ¡es vida!

También está prohibido recoger **madera muerta** ¡bajo pena de **multa**! Cuando la madera se descompone, sirve de sustento a toda una serie de plantas, hongos y animales. En algunos municipios, sin embargo, es posible recoger leña para la calefacción, a menudo pagando una **tasa.**

Nos paseamos por el bosque, pero...

Tienes derecho a caminar por el bosque, incluso en **terrenos privados** (a menos, claro, que haya una señal de prohibición), pero:

> es mejor no salirse de los **senderos marcados**, para evitar dañar el suelo;

> hay que evitar la **época de caza**;

> no puedes llevar a tu **perro** cuando las aves estén anidando y cuando crían los animales silvestres;

> si vas a **caballo** o en **bicicleta de montaña**, no puedes ir a todas partes: tienes que comprobar que no hay prohibiciones y permanecer en los caminos;

> debes recordar que los **coches** y las **motos** están prohibidos en la mayoría de los caminos forestales. Compactan el suelo de los senderos, destruyen las plantas y hacen ruido que molesta a los animales.

¡Tenlo en cuenta!

¿Existe el oficio de salvador de bosques ?

Se podría decir que el trabajo de salvador de los bosques existe, ¡si se tiene en cuenta que lo llevan a cabo personas que han dedicado su vida a proteger los árboles!

200 millones

Tony Rinaudo, experto agrícola australiano, lleva 40 años trabajando en los **desiertos africanos**, sobre todo en **Níger**. Descubrió que **los arbustos de la sabana son en realidad restos del bosque**, así que no hace falta plantar árboles, basta con hacerlos crecer de nuevo. En 20 años, este método se ha generalizado entre los agricultores y desde entonces han crecido 200 millones de árboles en Níger.

8.000 árboles

¡Esta abuela cumplió 113 años en julio de 2024! **Saalumarada Thimmakka** es muy conocida en la India por su papel de **defensora de los bosques**: ha plantado a lo largo de una carretera 385 banianos (especie próxima a la higuera que puede llegar a ser gigante) y otros 8.000 árboles de distintas especies.

51 millones de árboles

A Wangari Muta Maathai se la conoce como «la madre de los árboles». Esta mujer africana fundó el **Movimiento Cinturón Verde** en Kenia en 1977 para animar a las mujeres a plantar árboles y combatir la deforestación. Hasta la fecha, se calcula que se han plantado más de 51 millones de árboles gracias a este movimiento.

Níger

Kenia

Reserva forestal de Molai, Majuli, India

550 hectáreas

Para salvar la tierra donde nació, devastada por una gran inundación, **Jadav Payeng** creó un **bosque de bambú** con sus propias manos en la isla de Majuli, en el noreste de India. Pasados 30 años, su bosque de 550 hectáreas (el equivalente a más de 700 campos de fútbol) se ha convertido en un **refugio** para animales salvajes como tigres, elefantes y rinocerontes.

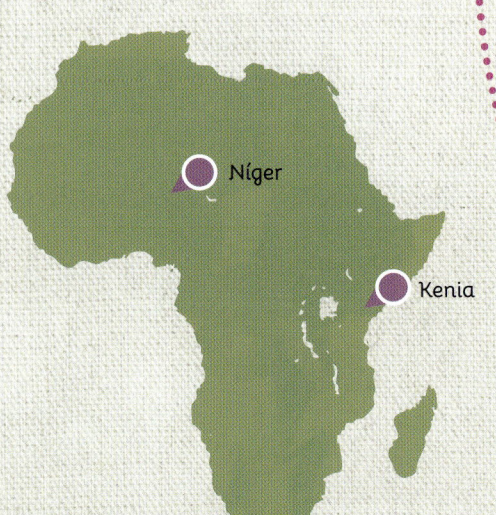

NATIONAL
Pumalín
PARK

2 millones de árboles

Sus fotos en blanco y negro se han visto en todo el mundo, pero es menos conocido que **Sebastião Salgado**, el famoso **fotógrafo** brasileño, y su esposa **Lelia**, han recreado una auténtica selva tropical en **Brasil**. En la década de 1990, tras regresar de una misión de varios meses en África, Sebastião Salgado descubrió que la tierra que rodeaba su hacienda estaba completamente devastada. Decidió replantar 700 hectáreas. Su apuesta dio sus frutos 30 años después, ¡con 2 millones de árboles plantados!

Minas Gerais, Amazonas, Brasil

Parque Nacional de Corcovado

Parque de Pumalín, Patagoniq, Chile

Parque Nacional de Cerro Castillo

30.000 hectáreas

El millonario estadounidense **Douglas Tompkins**, fundador de la marca **The North Face**, ha vendido su empresa para comprar 30.000 hectáreas de tierra en **Argentina** (¡casi 43.000 campos de fútbol!) con el objetivo de protegerla de la minería y la tala. También ha creado el **Parque Pumalín**, un santuario que se extiende desde el océano Pacífico hasta la cordillera de los Andes.

7.600 kilometros

Haïdar El Ali, el «héroe verde» de Senegal, ha reforestado manglares, luchado contra el tráfico de madera y se ha convertido en Ministro de Ecología de su país. Trabaja en la construcción de la **Gran Muralla Verde**, promovida en 2007 por 11 países del Sahel, que pretende crear una especie de bosque de 7.600 kilómetros de largo (¡el equivalente a la distancia de París a Miami!) y 15 kilómetros de ancho para 2030, con el fin de **frenar el avance del desierto**.

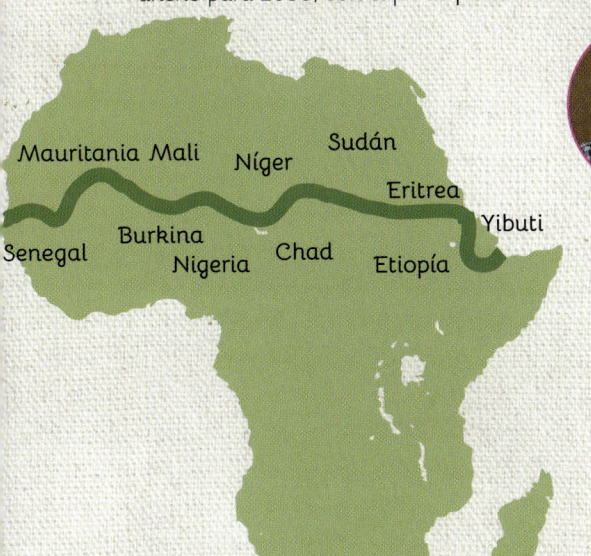

Mauritania Mali Níger Sudán
Eritrea
Yibuti
Senegal Burkina Nigeria Chad Etiopía

Reserva Natural de Hinewai, península de Banks, Nueva Zelanda

1.250 hectáreas

Desde 1987, **Hugh Wilson**, botánico neozelandés, ha transformado 1.250 hectáreas (casi 1.800 campos de fútbol) de tierra dañada en un auténtico bosque. También ha creado la **reserva natural de Hinewai**, que alberga ¡más de 40 cascadas!

Gran gran gran cuestionario

¿Cuánto sabes sobre los árboles?

¿Sabes todo todo todo lo que hay que saber sobre los árboles? Responde a estas preguntas para averiguarlo. ¡También puedes poner a prueba a tus padres!

1. Los árboles son eficaces:
A. Para calentar el aire a su alrededor
B. Para fabricar energía solar
C. Para reducir la contaminación

Respuesta C : Para reducir la contaminación

2. La agrosilvicultura es:
A. Cultivar al abrigo de los árboles
B. Suprimir las hayas del campo
C. Recolectar el néctar y el polen de los árboles

Respuesta A : Cultivar al abrigo de los árboles

3. ¿Qué es un tocón?:
A. Un zapato viejo
B. Una bacteria que descompone la madera
C. El pie de un árbol muerto

Respuesta C : El pie de un árbol muerto

4. Los árboles más viejos son los de la familia del:
A. Gingko biloba
B. Roble
C. Cedro del Líbano

Respuesta A : Gingko biloba

5. El árbol más viejo del mundo tiene:
A. 4790 años
B. 600 años
C. 2300 años

Respuesta A : 4790 años

6. Si de un ciruelo salen frutas de dos colores, ¿qué ha pasado?
A. Se ha regado con agua de dos colores.
B. Se ha hecho un injerto.
C. Hay ciruelos que dan ciruelas de dos colores.

Respuesta B : Se ha hecho un injerto

7. ¿Cuál es el árbol más viejo del mundo?:
A. Un castaño llamado Homero
B. Un pino llamado Matusalén
C. Un baobab africano

Respuesta B : Un pino llamado Matusalén

8. La cabaña más grande del mundo, que estaba en Tennessee, tenía:
A. 13 pisos
B. 8 pisos
C. 30 pisos

Respuesta B: 8 pisos

9. Un árbol es un vegetal que mide al menos:
A. 15 metros de altura
B. 5 metros de altura
C. 1,5 metros de altura

Respuesta B: 5 metros de altura

10. ¿Cómo se llama la sustancia que hace que el árbol sea rígido?
A. Biguina
B. Vermina
C. Lignina

Respuesta C: Lignina

11. Cuando alcanza los 4 o 5 años, un joven roble mide:
A. 50 cm
B. Cerca de 2 metros
C. Cerca de 10 metros

Respuesta B: Cerca de 2 metros

12. Con la acacia de senegal, ¿qué producto se fabrica?:
A. Raquetas
B. Neumáticos de bicicletas
C. Dulces

Respuesta C : Dulces

13. ¿Qué árbol de Sudáfrica se ha convertido en bar?
A. Un granado
B. Un baobab
C. Una secuoya

Respuesta B: Un baobab

14. Los bosques primarios:
A. Son los que nunca han sido explotados por el hombre.
B. Son lo que se estudian en la escuela primaria.
C. Son los bosques protegidos.

Respuesta A: Son los que nunca han sido explotados por el hombre.

15. Antes de los romanos, Europa:
A. Estaba cubierta en gran parte de bosques.
B. Estaba sembrada de campos de trigo.
C. Era un desierto.

Respuesta A: Estaba cubierta en gran parte de bosques.

16. El clavo de olor:
A. Es ideal para la digestión.
B. Atenúa el dolor de muelas.
C. Cura las imperfecciones de la piel.

Respuesta B : Atenúa el dolor de muelas

17. ¿Qué es un baño de bosque?
A. Dos horas rodeado de árboles para reducir el estrés.
B. Un baño de espuma con perfume de bosque.
C. Manantiales de agua caliente que solo se encuentran en mitad del bosque.

Respuesta A : Dos horas rodeado de árboles para reducir el estrés

18. ¿Cuál es el mejor compañero de un árbol?
A. Tú
B. Los gnomos
C. Las micorrizas

Respuesta C : Las micorrizas

19. El bosque templado:
A. Se desarrolla al ritmo de las cuatro estaciones.
B. Es muy caluroso y húmedo.
C. Está cubierto de nieve.

Respuesta A : Se desarrolla al ritmo de las cuatro estaciones.

20. ¿A partir de qué sustancia de la madera se fabrica el papel?
A. La corteza
B. La savia
C. La celulosa

Respuesta C: La celulosa

21. ¿Qué significa «De tal palo tal astilla»?
A. Todos los palos se pueden hacer astillas.
B. El hijo se parece a sus padres.
C. No conviene dar con un palo.

Respuesta B : El hijo se parece a sus padres

22. ¿Cuál es el peor enemigo de un árbol?
A. Un xilófago
B. Un nematodo
C. La abeja carpintera

Respuesta A: Un xilófago

23. ¿Qué es la silvicultura?:
A. El cultivo de la selva
B. Las aulas en la selva
C. El cultivo de los bosques para su explotación

Respuesta C: El cultivo de los bosques para su explotación

24. Los incendios del bosque son provocados principalmente por:
A. Los rayos y las tormentas secas
B. El hombre
C. Las erupciones volcánicas

Respuesta B: El hombre

Resultados: ¿Cuántas respuestas acertadas?

Más de 16 respuestas acertadas:
Bravo, ¡de verdad sabes todo, todo, todo sobre los árboles! Casi no tienen secretos para ti… ¿Qué tal les ha ido a tus padres?

Entre 9 y 15 respuestas acertadas:
¡No está nada mal! Has captado lo esencial, aunque aún queden algunas sombras en los árboles…

Entre 0 y 8 respuestas acertadas:
¡Haz un pequeño esfuerzo! Vas a tener que ponerte las pilas para leer este libro y captar algunos de los misterios que rodean a los árboles.

Índice

de árboles (y otras plantas) citados en el libro

En **negrita** : los árboles «estrella» de este libro, con las páginas en negrita donde son objeto de un artículo detallado.